決定力を上げる　プレッシャーに克つ

サッカー・メンタル強化書

著／マルセロ・ロフェ
（アルゼンチンスポーツ心理学協会会長）

監修／今井健策
（ファンルーツ）

はじめに

「終了のホイッスルが鳴るまで何が起こるかわからない」のが、サッカーのおもしろさであり、怖さでもあります。私は、スポーツ心理学者として、サッカーにおけるメンタル面の重要性を謳い、12年もの間サッカー界で働いてきました。

サッカーは、世界でもっとも愛されているチームスポーツのひとつですが、ピッチ上にいる11人のメンバーはもとより、サブのメンバーそれぞれのパフォーマンス次第で、チームとしてのポテンシャルがいかようにも変化するスポーツだと考えます。対戦するチームとチームに歴然な差があったとしても、その試合の結果を簡単に推測することはできません。明らかに弱いチームであっても、何かをきっかけに試合を支配し制することがあります。それが、サッカーなのです。

私は、サッカーにおけるメンタル面の重要性を話す際に、よく2005年のUEFA

チャンピオンズリーグ決勝を例に出します。この試合は、イタリアのＡＣミランとイングランドのリバプールによって繰り広げられました。両者は、ともに世界屈指のクラブチームであり、実力の差を推し量るにはなかなか難しいものがありますが、この両チームが演じた決勝戦は、のちにサッカー史上まれに見る劇的な試合として、多くのサッカーファンの心に残ることになりました。そして、この試合の何がメンタル面の重要性を説く鍵になったかというと、両チームの選手のメンタル面が刻一刻とあからさまに逆転していったからです。

この試合は、前半終了時点でＡＣミランが3対0でリバプールを大きくリードしていました。この時点で、選手はもとよりスタジアム全体がビックイヤーをつかむのは、チャンピオンズリーグの常連ＡＣミランだという空気が漂っていました。しかし試合後半、冒頭にも述べたようにサッカーは試合終了のホイッスルが鳴るまで何が起きるかわからないという事態が起こります。リバプールが驚異的な粘りで同点に持ち込み試合を振り出しに戻したのです。延長戦、拮抗した試合は後半終了間際にＡＣミランの猛攻にリバプールが大ピンチを迎えますが、ゴールキーパーの奇跡的なファインセーブでシュートをブロック。なんとか、危機をしのぎ試合はＰＫ戦へともつれ込みます。ＰＫ戦では、

ＡＣミランの選手が最後のキックを外し、結局はリバプールが勝利の美酒に酔いしれる結果となったのです。

この試合では、さまざまなプレッシャーや勝利への恐怖、ライバルの軽視、リラックス、相手へのリアクション、ナーバス、感情のコントロール、自信などなど、プレーヤーが現すメンタル面をいろいろと見て取ることができました。そして、危機的状況のなかで、チーム一丸となって強い心で最後までひるまなかったことが、リバプールが勝てた理由のひとつだと言えるでしょう。

私は、選手のパフォーマンスをつかさどる要素は４つあると考えます。ひとつは「テクニック」、ふたつ目が「戦術」、３つ目が「フィジカル」、そして４つ目が「メンタル」です。いずれの要素もとても重要ですが、多くの指導者は、テクニック、戦術、フィジカルについては、いろいろなトレーニングを施し鍛え上げようとしますが、ことメンタルに関してはまだまだおろそかにする傾向にあります。しかし、私は選手のモチベーションや自信、感情のコントロール、決断力といった、彼らのパフォーマンスを大きく左右する要素がメンタルだと考えます。ほかの３つの要素と同様に「メンタルの強化」にもしっかりと時間を割く必要性があると感じます。

この本には、選手のパフォーマンスに大事な1／4の要素のひとつ、メンタルを充実させるためのポイントがたくさん載っています。この本を読んでいただくことで、メンタル面が充実しサッカーがさらに上達する、または、実のあるサッカーができるようになっていただければ幸いです。そして、ここで覚えたことは、普段の生活でも役立つことばかりです。

サッカーを通しメンタル面を充実させることで、少しでも心にゆとりができ、そして豊かになってくれたらと思います。

マルセロ・ロフェ

第2章 信頼される指導者はメンタルに精通している

第5章
親が子供に与える影響を考える

第1章

メンタルの強さが質の高いプレーを導く

サッカーは、メンタルの強さが選手個人だけでなくチームそのもののパフォーマンスに大きく影響するスポーツです。

個々の選手が、メンタルの向上を図ることができれば、チームの強さも増していきます。

ここでは、さまざまな状況のなかで、メンタルをどうコントロールすれば、質の高いプレーを導き出すことができるのかを紹介していきましょう。

集中力の大切さ

トップレベルだけでなく、どんなレベルであっても、試合を左右する大きな要素に「集中力」があります。よく、試合後に敗れたチームの選手が「あの一瞬だけ集中力が途切れた……」というようなコメントを発することがあります。これは、それだけ集中力というものが選手にとって大事なものであり、持続することが難しいものであることを物語っていると言えるでしょう。

サッカーでは、集中力を欠くことで失点をしたり大きなピンチをまねくことがしばしばあります。以前、こんなことがありました。

南米のクラブチャンピオンを決める試合で、あるブラジルのクラブチームが信じられないミスから失点をしたのです。それは、ゴールまでの距離25メートルのフリーキックを与えられた場面でした。ボールの前には壁が作られましたが、その壁をうまく避けよ

う と攻撃側の選手は、フェイントをかけてきました。ひとり目のキッカーが、ボールを蹴る振りをしてチョコンとボールの上を触り、後ろから来たもうひとりのキッカーがシュートを放ちました。この時、誰もがボールはゴールへと飛んで行くものと見ていたのですが、あろうことか蹴り出されたボールは、最初にボールに触った選手の足に当たり後方へと跳ね返ってしまったのです。一瞬、空気が止まったかに見えましたが、そこから一気にフリーキックを与えたチームがカウンターアタックに転じ、ゴールを決めたのです。

また、これはよくある光景ですが、ライン際で簡単なパスを受けようとする選手が、なぜかボールが足の裏をすり抜けるトラップミスをするという場面があります。とくに、相手の選手と対当した時に、こうしたケースがよく見られます。

集中力を欠くと、普段は問題なくこなせるプレーでも、予想外の展開になる場合があります。なぜ、こうしたことが起きるのでしょうか？

多くの場合考えられるのは、「ゴールを決めなくてはならない」「受けたパスをどこにつなげばいいのか」という不安要素が頭の中を支配しているからです。つまりは、次に何をしなくてはならないのかという事前の判断をしなければならない状況が、もっとも大切にしなくてはならないボールコントロールへの集中力を奪い去ってしまったということです。

それでは、集中力を保つためにはどうすればいいのか、また、サッカーにおいて集中力とは具体的にどういったことを指すのか。ここで、ひとつの定義を設けようと思います。

サッカーにおいての集中力とは、ほかのすべてのことを排除し、今、自分がピッチ上でしなければならないことのみを考えることです。

そして、以下は集中力を保つための3つの秘訣です。

1 試合およびチームが立てたプランに没頭すること。チームには戦術があり、選手一人ひとりに役割がある。常に、その役割を遂行する意識を持つ。

2　自分および他人に関わる思考を遮断する。つまり、余計なことを考えないようにすることで不安要素を排除し、本来のパフォーマンスに影響が出ないようにする。

3　対戦相手やジャッジなどに激しく反発せずに、自分をしっかりコントロールすること。ポジティブなエネルギーを一つひとつボールに対して注ぐこと。過ぎ去ったこと、または次のボール（ミスしたらどうしようということ）について考えないようにする。

試合が終了するまで、集中力が途切れないようにするのはとても難しいことです。それでも、以上のようなことを意識してサッカーに取り組んでほしいと思います。

とは言っても、人間にとってミスはつきものですので、どれだけレベルの高い選手でもミスをまったくしないということはありえません。もしミスをしてしまっても、それについていつまでもくよくよせずに、すぐに気持ちを切り替えて、目の前のことに集中することが大切です。サッカーは絶えずボールが動いているスポーツです。

もし、いつまでもミスを気にしてプレーを続けていたら、次のミスは最初のものよりも大きくなるかもしれません。そうなれば、試合の展開がさらに悪い方向へ進み、最悪な場合は、自ら監督に対して選手交代を告げるような状況になることもありえます。そうならないためにも、たとえミスをしても、すぐに気持ちを切り替えられるメンタルの強さを持ちましょう。こうした気持ちの持ちようは、試合を通じて集中力を維持する上でとても大事になります。

今やらなければならないことに集中する。それができるようにメンタルを自分でコントロールし、ベストなプレーを生み出しましょう。

もし「なぜ自分は集中できていないのか」と感じる場面があれば、自分のやらなければならないことを思い出してください。

集中力のないところに、高いパフォーマンスは生まれません。ましてやサッカーはチームスポーツですので、誰かがその場面で集中力を欠くことでミスをすれば、それを全体でカバーしなければならなくなります。どんなにすばらしいパスワークでゴール前までボールを運んでも、シュート場面で集中力を欠いてしまったら、すべてが台無しになってしまうのです。集中力は、物事を高いパフォーマンスで行なう上での、不可欠な要素なのです。

ズバッと
抜いてや
アーッ!?

目の前にあることに集中する

集中力は、スポーツだけでなく、誰もが日常生活のなかで発揮する能力です。たとえば、映画を観ている時など、作品にのめり込んでしまうと、時間が経つのを早く感じたり、感情移入を起こしドキドキしたりします。そんな時は周りの雑音は耳に入らないのですが、何かの拍子で我に返った時に、それまで聞こえなかった雑音が気になり始め、集中力を失うことがあります。これは一例に過ぎませんが、実生活のなかでも、思いも寄らない外部からの要素で、集中力は簡単に切れしまうことがあります。

人は、どんなに集中しようとしても、24時間できるものではありません。そのかわり、とくに大事なことに対する時にこの能力を意識することで、集中力を高めることができます。とくにスポーツや仕事など、自分が意欲的に取り組んでいるものの場合は、「自分がその時々で何をしなければならないのか」ということを意識することが、集中力を保つひとつの方法になるでしょう。

物事に取り組む時に、意識的に取り組むのか、またはただ単にこなすだけなのか。この両者の違いが顕著なのは、改めて説明する必要はありません。

集中力を途切れさせる内的要素・外的要素

サッカーというスポーツは、あらゆるスポーツのなかでもっとも集中力を欠く要素が多いスポーツかもしれません。

それは、内的要素だけでなく外的要素も多分に見受けられます。たとえば、自分の内側からくるマイナス思考や恐怖心というものもあれば、監督の怒鳴り声やファンの罵声（子どもの場合は、親の存在も）、といった外側からの影響で集中力が途切れる場合も少なくありません。

それでは、ここでそれぞれの要素を整理してみましょう。

【内的要素】

マイナス志向、体調不良、不安感、など

【外的要素】
監督の怒鳴り声、観客の罵声、相手選手のプレッシャー、審判の理不尽な判定、ピッチのコンディション、など

こうして見ると、サッカー選手は、さまざまなプレッシャーと関わるなかで集中力を維持しなくてはなりません。実際、プロで活躍する選手は、想像以上のプレッシャーと対当しながら集中力を途切れさせずにプレーをしています。

たとえば、コーナーキックなどでは、コーナーアーク付近のカメラマンをどけ、警察犬から離れたとしても、ファンの罵声やつばを浴びたり、時にはものが飛んでくる危険性もあります（プロの世界の話ですが）。直接、サッカーとは関係ないことにも注意を払いながらプレーをする必要があるのです。こうした要素は、ほかのスポーツではまず見られません。

そして、プレーそのものでも、さまざまなことに注意を払いながら集中力を維持しなくてはなりません。同じくコーナーキックですが、ディフェンスであればボールとマークする相手の選手に注意を払う必要が出てきますし、これがもしオフェンスであれば、ディフェンスの動きを考えながらいかに相手のゴールマウスを揺らすかを考えなければなりません。

ひとつの場面で同時にふたつのことに集中し、なおかつ、どちらかに偏ることなく均等に注意を払い集中力を持続させることが、サッカーでは要求されるのです。

もし、これがどちらかに偏ってしまったら、不利な結果につながる可能性が高くなるのです。

また、意外かもしれませんが、審判などへの抗議や相手の選手に対しての報復行為なども集中力を低下させます。多くの場合、相手選手に抗議することや審判に対する不満を爆発させることは、された行為に対して鬱憤《うっぷん》を晴らすことができるかのように思われますが、実際には選手のポジティブなエネルギーをムダに使うだけでなく、本人のパフォーマンスも低下させます。

さて、このように集中力を欠く場面というのは、サッカーにはたくさんあります。一試合を通じたすべての局面のどこかに、そうした要素が含まれているといっても過言ではありません。それでも、こうした状況でさえ、しっかりと集中力を途切れさせず、自分の持っているパフォーマンスを最大限に発揮する選手もいます。そうした選手には次のような特徴が見られます。「集中力の大切さ」のところで紹介した集中力を保つ秘訣と重なる部分もありますが、紹介します。

1　ゲームにおいて使命や役割を認識していて、存在感のあるプレーをする

2　メンタル面のマイナス要素を取り除ける

3　個人およびチームのパフォーマンスを向上させるという強い意思を持っている

4　正当なプレーを心がけている（正当でないプレーは自分にとって裏目に出ると考えている）

5　恐怖心をコントロールできる。また、集中力をコントロールできるヒントとして「90分間ずっと集中する必要はない」「ミスを引きずらない」と考えられる

こうした素養が自分のなかにあれば、充分集中力を維持してプレーができると言えるでしょう。また、それがなければ、身に付けられるようにトレーニングをする必要があります。

アルゼンチンユース代表では、プレッシャーのなかで集中力を高めるテストを行なっていました。ある作業をしながら、外的な要素を加え、そういった状況でも集中力を保てるかをテストするのです。たとえば、怒鳴り散らしている指導者の音声や早い呼吸の音、指導者によるムダな冗談、選手たちが好きではない音楽、サッカーにはまったく関係ない音、などを外的要素として聞かせるのです。

スポーツ心理学において「モチベーション」と「集中力」は一方が高まればもう一方も高まるという密接な関係があることが証明されています。また、内・外的なプレッシャーにうまく対応することで、集中力が上がることもわかっています。

このように些細なことから集中力を高めるトレーニングを行なうことで、最終的に大観衆を敵にまわすような状況でも、集中力が途切れることなくいいプレーに専念できるようなメンタルの強さを作り出すのです。みなさんも、ぜひ試してみてください。

topics 1

集中力の明と暗

1950年にブラジルで開催されたワールドカップ。決勝は、ブラジルとウルグアイの間で行なわれました。19万9854人もの観衆がつめかけたこの試合は（サッカーでもっとも観衆を集めたゲームとしてギネスブックが認定）、大方の予想通り、大観衆に後押しされるようにブラジルが圧倒します。前半、ブラジルが先制すると、スタジアムは大歓声と興奮に包まれました。誰が見ても劣勢のなかで、当時のウルグアイ代表のキャプテン、セベリーノ・バレーラは選手全員を集めてこう言ったのです。

「自分たちの気持ち次第で逆転はできる。ピッチ上では11対11だ。観衆は何でもない。ただの『棒』だと思え！」

この言葉が、選手たちのモチベーションを高め、ウルグアイはそこから盛り返し2点を奪取。逆転に成功し、そのまま試合終了の笛は吹かれたのでした。

このゲームは、ウルグアイの集中力とプレッシャーコントロールのうまさ、そしてブラジルが実力を過信し集中力を保てなかった姿が露呈したゲームでした。

プレッシャーを認識する

これまで、いろいろな心理学者が「プレッシャー」について研究を重ねていますが、それを統括してみると、

「その人が持っている能力以上のものを要求した時」

に、プレッシャーが生じると考えられています。

選手は、試合だけでなく、トレーニングやもしかするとプライベートな時間のなかでも、サッカーにまつわるさまざまなプレッシャーに頭を痛めている場合があります。そして、それらのプレッシャーは、選手のパフォーマンスに、充分、影響をおよぼすと私は考えています。メンタル的な部分は当然のこと、肉体的にもその影響力は間違いなくあると言っていいでしょう。

たとえば、筋肉疲労により足がつってしまったとします。この時、試合の展開が終盤にまで達していれば、これは明らかに疲労が原因だと考えられますが、これがもし前半や中盤だったとしたらどうでしょう。また、普段ではそういうことがありえない選手が足をつったとしたら、これは大きな要因として、その選手になんらかのプレッシャーがかかっていると考えることができるのではないでしょうか。心理的なプレッシャーや緊張による筋けいれんの関係を否定する人もいますが、私は両者には密接な関係があると考えています。ですから、選手が、必要以上にプレッシャーを受けないようにすること、また、プレッシャーをしっかり認識してきちんと対処することは、自分が本来持っているパフォーマンスを発揮する上で、とても大切なことなのです。

私が、これまで多くの選手にプレッシャーについて言い聞かせてきたことは、「**さまざまなプレッシャーをどのようにコントロールすべきか**」ということです。プレッシャーは対処方法を間違えると、それがマイナスの要素を生み出し、悪い結果をもたらす場合がほとんどです。ですから、感じているプレッシャーをそのままにしておかず、「自分にとって何がどうプレッシャーになっているのか」「それをどう対処すべきなのか」

ということをしっかりと認識して対応していかなければならないのです。

私がアルゼンチンU―20代表の選手に行なった心理テストでは、彼らにとってプレッシャーになるであろう20個の要素をあげ、そのなかからこれまでプレッシャーとして感じたこと、または現在感じている要素を3つあげてもらいました。さらにそのなかでもっともプレッシャーに感じているものを最終的にひとつ選び「それが、なぜプレッシャーになるのか?」ということを説明させたのです。そうすることでプレッシャーを明確にし解決するのです。

ちなみに、このなかに実際感じているものがなければ、新たな項目として挙げてもらいました。このように、自分にとって何が一番プレッシャーになっているのかを明確にし、その原因を知ることは、選手と対当する上での大事な第一歩になります。

ここでは、20の要素（P31参照）のなかから、回答が多かったプレッシャーについて紹介し、それについてどう対応すべきか説明していきましょう。

親の存在

基本的に家族、ましてや親の存在というのは、本人にとってはとてもありがたく感じられます。しかし、時としてそうではない場合もあります。よく、子供の勉強に対して過剰に期待を寄せる親を「教育ママ」というような言葉で揶揄《やゆ》する場合がありますが、サッカーでも、これに近い行動をおこす親がいます。こうした親は、子供にとってプレッシャーを与える以外の何ものでもありません。そして、とうの本人が、子供にとって一番の元凶（自分がプレッシャーとなっている）であることに気づいていなかったりするので困ったものです。

こうした親に対しては、指導者が時間をつくり話し合いの場を設けたほうがいいでしょう。この時注意しなければならないことは、高圧的な態度をとらずに、低い目線で話すことです。「いつもお子さんを応援してくれてありがとうございます。今、本人は自分ですごく頑張っていますので、褒めて接してやってください」というようなことを、それぞれの状況によって柔らかく話す必要があるでしょう。とくに、選手の年齢が低い場合は、限りない能力や可能性が親によって潰されてしまわないように、早い段階で理解を求めることが大切です。

ファンやサポーターの存在

勝っている時、または、ここぞという場面の時に、大きな声援でチームを後押しすることもあれば、悪いゲーム運びをしていれば罵声が飛び交い、指導者以上に厳しい存在として、選手の前に立ちはだかる場合もあります。声援を受けていいプレーをするのも当然ですが、ファンからのブーイングや罵声（相手チームのファンやサポーターのものも含め）といった悪い状況のなかでも、これをうまくモチベーションに転換し、プラスに働かせるメンタルの強さを身につけたいものです。

審判の判定

審判も人間です。選手と同じように当たり前のようにミスをします。当然、彼らはミスをせず公平にジャッジをするように努めていますが、こればかりはどうにもなりません。時には、不適切なジャッジが自分のチームにとってマイナスに働き、そのせいでゲームの展開がまったく別ものになってしまい、怒りを覚えることもあるかもしれません。その結果、審判に対して強く抗議をしたい衝動にかられる場合も決して珍しいことではありませんが、審判にこうした態度を取ることは、的を得ているとは言えません。そうしたところで、判定が覆るわけもなく、ただただムダなエネルギーを使うだけになります。これは、スポーツが審判という人間に裁かれている以上変わることはありません。逆に、自分たちにとって有利な判定の時には審判に何も言わないのですから、どんなときでも平常心でいられるような気持ちの余裕が必要です。

たとえ不利なジャッジだとしても、すぐにそのことは忘れ次のプレーに切り替えられるようなメンタルの強さも、本人の意識次第で変えていくことができます。

これはほんの数例ですが、選手がメンタル面で受けているプレッシャーというのはさまざまです。これを明確にし、解決する手助けや、いい方向へ変えていくのがこのテストの狙いにあります。きっと、選手によって、さまざまな結果が出てくると思いますが、自分が何にプレッシャーを感じているかを見つけ出すことは、その後のプレーにも大きな影響をおよぼすのでぜひ試してみてください。

また、指導者が試すのであれば、より客観的に使用することができると思います。選手のプレッシャーを明確にすることができたら、彼らの性格や言葉をかけるタイミングを考慮しながら、それぞれにあったアドバイスを探してみましょう。

プレッシャーの要素20

- □親の存在
- □周囲の目
- □代理人
- □メディア
- □監督やコーチの存在
- □彼女の存在
- □ファンやサポーターによる声援、そして罵声
- □相手チーム
- □審判の判定
- □環境（サッカーに対してどんな認識をもっているか。アルゼンチという国は、勝つことと負けることでは考え方に天と地の違いがある）
- □スポンサー
- □結果を出さなければならない状況
- □クラブ首脳陣
- □社会状況（アルゼンチンでは貧困から抜け出すための手段のひとつとしてサッカーの存在がある）
- □自分自身
- □「失敗したらどうしよう」というネガティブな発想
- □代表のユニフォームを着ること
- □特別な状況（所属チームが首位争い、もしくは降格争いをしている）
- □国の代表になる
- □レギュラーで出場できるか

プレッシャーをモチベーションに換える

　サッカーは当然のこと、仕事や勉強でも、プレッシャーをうまくコントロールできる人ほどいい活躍ができ、いい結果を導くことができます。

　選手にとって一番プレッシャーになるものは、実は、そのほとんどが自分自身のなかに生み出した不安やマイナスイメージです。「普段通りのプレーができるか」「今ひとつ調子が悪いが、周りからもそう見られていないか」「大事なゲームでミスをしたくない」といった考えを持つことで、知らず知らずのうちに頭のなかが不安要素で一杯になり、結果的にそれが恐怖心やプレッシャーとなって集中力を欠き、パフォーマンスの低下を招くのです。

　しかし、最初にも述べましたが、逆にこうした考えやイメージを持ったとしても、それをうまくコントロールできるメンタルの強さがあれば、今まで以上にモチベーションが高まり、いいパフォーマンスを引き出すことができます。

前のページで紹介した心理テストを行なったメンバーのなかに、現在、アルゼンチン代表として活躍しているカルロス・テベス（マンチェスター・ユナイテッド）やハビエル・マスチェラーノ（リバプール）といった選手がいます。彼らが、プレッシャーと感じる要素に挙げたなかに「自分自身」というものがありました。自分自身が考えたイメージや不安要素にプレッシャーを感じると答えたのです。普通、自分自身にプレッシャーを感じるような選手は、それほど活躍できるイメージはありませんが、彼らはそれに押し潰《つぶ》されることなく、現在のポジションにいます。**実は、優秀な選手の多くは、自分自身にプレッシャーを感じる傾向にあります**。しかし、それがマイナス要素にならないのがポイントであり、一流であるための条件なのです。

彼らは、確かにプレッシャーも感じていますが、それ以上に向上心が旺盛なのです。高い目標を掲げ、常に自分に対して慢心せず、自分に足りないものは何かとプレッシャーをかけながら、それを乗り越えていくことで自分自身を高めたいと考えています。つまり、不安要素やマイナスイメージを超えた先の目標をイメージすることで、モチベーションを高めているのです。

掲げた目標を達成したいという欲求が高ければ高いほど、プレッシャーはモチベーションへと換えることができるのです。

しかし、プレッシャーをモチベーションにできるかできないかは、紙一重の部分もあります。これは年齢が低ければ低いほど難しい行為です。選手が、自分自身に無闇にプレッシャーをかけて、結局、それに押し潰されてしまうのではまるで意味がありません。その辺のさじ加減は、指導者や保護者がうまくコントロールしてあげることが大切です。

プレッシャーを「大丈夫かな……」と不安にしか思えない選手と、「よしやってやる!」という気持ちにうまく転換できる選手とでは、本番でのパフォーマンスに違いが出ることは、容易に予想がつくでしょう。

プレッシャーが
なんだ～!!
監督の指示
親の期待
相手チーム
サポーターの
ヤジ

不安を明確にし、解決することの大切さ

不安は、誰もが何かしら抱えているものです。しかし、それにしっかり向き合って解決し、前に進んでいこうとする人は意外と少ないものです。これは、サッカー選手に限ったことではありません。普通に生活している一般の人々もそうだと思います。

不安には自分から意識できるものと、無意識に感じているものがあります。その両方をしっかりと把握し解決することができれば、人は、それまで以上に高いパフォーマンスを発揮することができたり、これまでうまくいかなかったことがスムーズにできるようになったりします。

不安は、早く解決できればできるほど選手にとっていろいろな意味でプラスに働きます。

もし、心に何か不安を抱えているのであれば、誰かに相談してみるのもひとつの方法で

しょう。もし、あなたが指導者やサッカーをする子供の親という立場なら、率先して何か不安を抱えていないかを、子供や選手に聞いてみましょう。指導者として、技術や戦術を教えることに時間を費やすのはもちろんですが、選手のメンタルに気を遣うことも同じように大切なことです。メンタルの問題を解決すれば、選手の集中力も増しますから、それだけ技術や戦術を効果的に教えることができるようになるのです。

これは、日常生活でも同じことです。自分が何か不安を抱えているようであれば、誰かに相談してみましょう。そして、子供や親友、彼女や職場の同僚が何か不安を抱えているようであれば、一緒になって不安を解決しましょう。そうすることで、お互いの関係がこれまで以上に良好になり、また、何か目標があった場合には、その目標に向かって効果的にアプローチができるようになるはずです。

不安とは何か？

私はこれまでに、ユース年代からプロ選手まで、５００以上もの心理テストを行なってきました。それらの回答から、選手たちが実にさまざまな種類の不安やプレッシャーを心に秘めていることがわかりました。

不安は、人間のなかのプレッシャーを増幅させ、それが結果的に自信を奪い取っていきます。

恐怖心や不安というのは、何か物事に取り組む際に心や思考のブレーキとなり、マイナス思考へのサインと考えられています。

不安には現実的なものと、想像に過ぎないものがありますが、結局のところ、いずれの不安もスポーツ選手のパフォーマンスに影響をおよぼすことが多々あります。

不安とは感情の一種であり、人の心に確実にマイナスに働くものなのです。

常に高いパフォーマンスを発揮するスポーツ選手の多くは、ほぼ例外なくプレッシャーや不安に押し潰されることがないメンタル面での安定感や強さが特徴として見られます。

「プレッシャーや不安にどのように対処するか」

といった心理的な問題を、しっかりとコントロールできているのです。

では、どうすれば不安をコントロールできるのでしょうか。

それにはまず「自分が何に対して不安を感じているのか」ということを、しっかり認識することが、第一歩となります。

また、ここでも私が行なってきた心理テストを紹介しましょう。これは、2003年にU—20アルゼンチン代表選手に対して行なったものです。前回、プレッシャーのところでもやったように、具体的な不安を記したリストのなかから、まずは自分が不安だと感じられる要素を5つ選びます。そこから3つを選び、最終的にひとつに絞り込みます。そして、それがなぜ不安なのかを説明してもらいます。

こういった形で、何に不安を抱いているのかをまず明確にし、それをもとに「どうすればいいのか」ということを考えていきましょう。そして、指導者や親の立場であれば、子供たちがそれをコントロールできるようにサポートしていくことが大切です。

もし、これを読んでいるあなたが指導者や親の場合は、ぜひこのテストを選手（または子供）に一度試してみてください。

彼らが実際にどんな不安を抱えているのかを知ることで、より現実的なサポートをしていくことが可能になります。

プレーヤーが不安に思う要素30

- □ゲームに負けるのではないかという不安
- □目標を達成できないのではないかという不安
- □勝利への不安
- □成功することへの不安
- □ミスをするのではないかという不安
- □リスクを冒すのではないかという不安
- □チームや監督から必要とされていないのではないかという考え
- □ケガに対する不安
- □馬鹿げたことをしてしまうのではないかという不安
- □競争に勝てないのではないかという不安
- □対戦相手に対する不安
- □名前負けしているのではないかという不安
- □ゲーム中に緊張してしまうのではないかという不安
- □問題を解決できるかどうかという不安
- □試合前に眠れないのではないかという不安
- □監督に何か言われるのではないかという不安
- □レギュラーから外されるのではないかという不安
- □自分の力を出し切れるかという不安
- □リスペクトを欠いていないかという不安
- □開始直後にミスをし、交代させられるのではないかという不安
- □結果が出せないのではないかという不安
- □PKを外すのではないかという不安
- □仲間と意思の疎通がとれていないのではないかという不安
- □自分に関わっている人に拒絶されるのでないかという不安
- □レギュラーになれないのではないかという不安
- □病気になるのではないかという不安
- □審判のせいで負けるのではないかという不安
- □退場させられたらどうしようという不安
- □将来どうなってしまうのかという不安
- □これまで培ってきたものを失うのではないかという不安

不安は選手の立場に立って解決する

選手（人間）は、その生い立ちや育った環境、受けてきた教育、家族構成がみな違います。だから、それぞれが抱える不安要素も千差万別です。

前のページで紹介した不安リストですが、そこで挙げたものは、あくまでも例であって、それぞれの選手が同じ答えを出したとしても、その詳細や内容はまったく別な場合があります。というよりも、すべて異なっていることが当たり前なのです。

ですから、選手の不安を解決するにあたって心得ておくことは、それぞれの選手の立場に立って、解決方法を探っていきサポートしていくことが大事だということです。

それでは、アンケートの結果をもとに、どんな不安が多かったのかを見ていきましょう。今後、選手を指導していく上で、何らかの参考にしていただければ幸いです。

●目標を達成できないのではないかという不安

これは、アンケートの回答のなかでもっとも多かったものですが、広い意味で失敗に対する不安の現れと考えていいでしょう。とくに、目標意識の高い選手に見られる傾向ですが、ここで注意したいのは、失敗のレベルが選手によってそれぞれ違うということです。

ある選手にとっては、さほどたいしたことのない失敗でも、違う選手にとっては目を覆いたくなるような失敗かもしれません。個人個人の育った環境、バックグラウンドの違いから、物事の成功、失敗のとらえ方が変わってくるのです。ですから、周囲の人間がそれをサポートする場合は、最初にも言いましたが、それぞれの選手の立場に立ってサポートすることが大事なのです。

自分の主観的な考えを押し付けるようなアドバイスではなく、常に目線をその選手に合わせることが大切になります。

●ケガに対する不安

これも、常に上位にあがる不安要素です。ケガや病気による不安は、本人だけでは解決できない、また防ぐことができない場合がありますし、一筋縄では行かないのも事実です。

ケガや病気はサッカー選手だけでなく、スポーツをするすべての人にとって、大きな不安となる要素です。これが、プロという立場であれば、選手生命が断たれるようなケガなどを負ってしまうと、一気に人生を左右する事態に発展します。

しかし、ケガなどは、医師による処置や治療が何よりも大切なのは間違いありませんが、リハビリの進行などを早めるのは、実は本人の精神的な強さ（前向きな考え）が大きく影響する場合が多いのです。ですから、**当事者が、どのようにケガと向き合うかというメンタル面でのプラス思考が重要になると同時に、周囲のサポートも大きな力になります**。子供を指導する立場であれば、ケガや病気をすることで何が不安になるのか（レギュラーから外される、サッカーができなくなる、など）といったことを聞きだします。そこから、その不安を取り除くために個々の選手にあった対応をしていきます。

たとえば、「ケガをしてしまったことを嘆いていても仕方ない。このケガで得た貴重な時間を使って何を考え、今後どうしたいのかが重要だよ」と言って聞かせます。

普通、ケガをした人は「今後どうなってしまうのだろう」とネガティブな考えをしがちですが、それをあえて貴重な時間というポジティブな方向へ導くのです。また、サッカーというスポーツの本質を説きます。サッカーはボディコンタクトが当たり前のスポーツです。ですから、ケガをすることは競技をしている以上、ある程度仕方のないことであり、それを恐れるのではなく、逆に向き合い、現実にしっかり目を向けるように理解させるのです。

そして、ケガと戦っているのは自分だけじゃない、周りもサポートしているし、早く治ることを望んでいると説くことで、その選手の精神的な不安を和らげるのです。人はケガをすると、ひとりでいることが多くなることから、嫌が応にも孤独感にさいなまれます。これが、メンタルをネガティブな方向へ向ける原因にもなります。ですから、

「ケガと戦っているのはキミひとりじゃない。みんなも応援している」

といった雰囲気を作り、ポジティブな方向に働きかけるのです。

●ミスをすることへの不安

人間は誰でもミスをします。そんな当たり前のことがわかっていても、ミスに対しての不安というのは消えないものです。

人が、ミスをしないようにと考えると、大概にして行動や考え方が消極的になります。すると、どうなるか。重要な場面で、その場を打開するようないい判断ができなくなります。安全なプレーだけに徹し、リスクを冒してでも結果を求めなければならない状況で何もできなくなってしまうのです。それは、結果的に自分自身の評価を下げるだけでなく、自分がいるチームにとってもマイナス要素になる場合が出てきます。なによりも、挑戦しないのですから、本人の成長は見られません。

万が一、ミスをしてしまったら、そこから学ぶ姿勢を持つことが大切です。

人は、ミスがあるからこそ成長できます。ですから、ミスをしたらそれを糧に成長していこうというポジティブな心を持ちたいですし、持つべきでしょう。そして、周囲は、そういったポジティブな考え方ができるような雰囲気作り、環境作りを心がける必要があります。つまり、ここは指導者や親の理解力の話です。チャレンジしたこと（失敗しても成功しても）に対して、どういう評価をするかで、その選手の成長は大きく変わっていくでしょう。

●これまで培ってきたものを失うのではないかという不安

これは、将来に対しての不安の表れです。

私が以前指導した選手のなかに、レギュラーを取った時点で、彼本来の貪欲なプレースタイルが消え、持ち味が生かせなくなった選手がいました。彼に、今までのプレーが見られないことを告げると、こう答えました。

「やっとつかんだレギュラーの座を失いたくない。だから、リスクを冒してまで失敗はしたくない」と。

それに対し、私はこう返しました。

「守りに入ってしまったら、これまでの努力が逆に台無しになってしまうよ。実際に、今の君はレギュラーを奪い取った時のような本来の持ち味がまるで生かされていない。

このままでは、ほかの勢いのある人に、すぐにポジションを奪い返されるかもしれないよ」。

せっかくつかんだポジションを失いたくないという思いは、誰でも抱くものです。ですから、選手がそのことに満足しているようだったら、指導者がそれに対して本人に気付かせ、アドバイスを送ることが大切です。これまでの努力や向上心を持ち続けることの大切さを説くことで、さらに上を目指すメンタルの強い選手にする。これは指導者にとって大きな仕事のひとつです。

人間にとって難しいことのひとつは、掲げた目標を達成してしまったあとに、モチベーションが著しく低下したり、それに満足してしまうことなのです。選手が守りの姿勢に入っていたり、そういった兆候が見られる場合は、指導者がうまくメンタルを刺激してあげなければなりません。これは、選手をより成長させていく上での、指導者の能力のひとつと言えるのではないでしょうか。

何か失敗したとしても、そのとらえ方は千差万別。
選手の立場に立って解決方法を考えましょう

誰かのひと言が悩みを解決

日常生活においても不安やストレスはつきものです。社会人であれば、その多くが仕事に関係することや、人間関係の悩みが中心でしょう。また、家庭があれば、夫婦関係や子育ても不安要素として大きな部分を占めるのではないでしょうか。

何でも自分で考える前に他人にアドバイスを乞うのは決していいことではありません。まずは、本人が考え、努力することが成長のきっかけとなります。しかし、悩みに悩んで解決策が見つからない時や、誰かに話を聞いてほしい時などは、思い切って他人に相談してみるのもひとつの方法です。誰かに話を聞いてもらうことだけでストレスを解消できたり、自分の抱え込んでいる不安が、案外ちっぽけなことだと気付かされることがあります。相談を受ける人は、その人の立場に立ち、「相談者の悩みの原因」をしっかり理解して、プラス思考に持っていけるアドバイスが出せれば、もしコーチという立場だったらコーチングという面でも能力が開発されるはずです。

案外、他人の何気ないひと言が解決の糸口になったり、精神的に元気になるきっかけになることは珍しいことではありません。

不安とプレッシャーの違いを知る

不安とプレッシャーには明確な違いがあります。

不安が自分の内面から発生する場合が多いのに対して、プレッシャーは主に、外的な要素から生まれるものです。

たとえば、不安というのは「点を取られたらどうしよう」「相手のＦＷを止められるだろうか」という、「果たしてそれが達成できるだろうか」といった、自分自身がもたらすマイナス思考が主な原因です。一方、プレッシャーは、監督やコーチから出される目標や、親の期待、サポーターのいい意味でも悪い意味でも常に熱い声援に対して「それに応えられるのか」といった、外的な要素によってもたらされるマイナス思考です。

プレッシャーは、外的な要素が主な原因ですから、本人がコントロールできない場合がありますが、不安はそうではありません。それは、自分自身の考えですから、日頃からそれをうまくコントロールできるようにすべきなのです。

さて、不安やプレッシャーが生み出すものに「緊張」があります。これは、そのゲームがいかに重要であるか、自分がどのような立場であるかによって感じる大きさは異なってきます。この「緊張」が大きすぎると、精神的にも肉体的にも疲れやすくなるだけでなく、選手のパフォーマンスも下げ、集中力を低下させる原因にもなります。

「緊張感がまったくないのがベスト」とは言い切れないのですが、適度にあるくらいがちょうどいいのではないでしょうか。そのほうが、自分の役割をしっかりと認識できますし、それが結果的に高いパフォーマンスにつながっていくからです。

選手は、不安やプレッシャー、そして、それらが生み出す緊張によってパフォーマンスを低下させないよう、しっかりメンタルをコントロールしなければなりません。また指導者も、それらをよい方向に転換できるように、彼らから不安を取り除く対応をしていかなければなりません。

プレッシャー
勝ちにこだわるサポーター
監督の要求
親の期待
不安
ミスするかも!?
勝てる!?
途中交代は嫌だ
ケガしたらどうしよう

PKの影響力

サッカーの試合の中で、ＰＫほど特別なプレーはありません。どのような場面でもそうですが、とくに勝敗を左右するＰＫを蹴るキッカーの重圧、プレッシャーは相当なものがあります。そのキック一本で、すべてが決定してしまうことがあるのですから、その責任の大きさがわかるのではないでしょうか。

ＰＫ＝ペナルティーキック

試合中に相手ペナルティーエリア内での攻防から得たＰＫは、獲得したチームにとっては1点を取ったも同然の展開です。それに対して心のなかで大声を出して喜びたくなります。逆に、取られたチームにしてみれば、ＰＫを与えた選手の精神的な落ち込みや、その判定を下した審判に憤りを感じることもあるでしょう。まだ点を取られた訳ではないのですが、チームの士気はマイナスに向かうのが一般的です。

しかし、ボールが蹴られる前にあれこれ考えても仕方ありません。**問題は、ＰＫ後の結果に対して、どう行動を起こすか**なのです。これは得点機会を得ているＰＫを蹴る側のチームにとっても同じことが言えます。

ＰＫは、確かに限りなく得点のチャンスですが、１００％成功するわけではありません。低い確率ではありますが、ＰＫを外してしまった場合、外した選手やチームの落胆は非常に大きく、一方でＰＫを止めたチームは一気に士気が高まります。これがＰＫというひとつのプレーが持つ大きな影響力なのです。

チリ人の世界的ストライカー、マルセロ・サラスは、ヨーロッパへ移籍する前、アルゼンチンのリーベルプレート時代に、重要な試合でＰＫを失敗した経験があります。

１９９７―９８シーズンのことです。ライバルである、ボカ・ジュニアーズとの試合で、アウェーでありながら1対0とリードしていた状況で、リーベルはＰＫを獲得しました。ここで決めれば2対0になり、試合を決定づける大きなチャンスでした。しかし、サラスはこの貴重なPKを外しました。試合はこのPKを機に、急展開。2分後にボカに得点を決められ同点にされると、勢いに乗った相手に結果的には1対3で敗れてしまったのです。

彼は試合後にこう言っています。

「PKは試合の一部であり、失敗したことは仕方がない部分もある。それでも大きな責任を感じているよ。もし自分が決めていれば2対0で試合を決定的にできる展開に持ち込めたことを考えると、申し訳なく思う。あのプレーでチーム全体の士気が落ち、ネガティブな影響を与えただけでなく、それ以上にボカに『まだやれる！』というパワーを与えてしまった。これが、敗因の最大の原因になったと思う……」

私は、サラスのこの言葉に、PKにおける選手の心理的要素が要約されていると思います。

決めることができれば、キッカー本人はさらにポジティブな気持ちで試合に臨めますし、チームもさらに士気が高まります。ましてや、1対0でリードしていたところに、労せずして2対0に持ち込むことができれば、ゲームをほぼ手中にすることができ、相手チームの戦意を奪い取ることが可能になります。

しかし、もしこれが決められなかったとしたら、ゲームは一気に違う展開になる恐れがあります。ゴールを決められなかった本人は、失敗したことやチームメイトや監督、コーチ、サポーターの期待に応えられなかったことなど、ネガティブな感情が頭を支配し集中力が奪われ、パフォーマンスが落ちていくでしょう。チームも、リードをさらに広げる絶好のチャンスを失ったことで、士気が低下し思うようなパフォーマンスが発揮できなくなる可能性が高くなります。

そして一番怖いのが、相手チームへの影響です。冷静に見ると、1点失いかけていた状況から脱することができただけなのですが、この幸運な出来事にチームの士気は一気に高まります。「まだ自分たちにもチャンスがある！」というような雰囲気がチーム全体に広がることで、プレーヤーもＰＫ以前よりポジティブな精神でゲームに臨むようになります。それが、相手を圧倒してしまうほど影響を与えることが多々あるのです。

PKの結果は、そのワンプレー以上に、その選手やチーム、そして試合全体に大きな影響を与えます。

一番いいのは、ペナルティーエリアでPKを与えないようにすることですが、審判の判定にもよりますし、運が悪い場合もあります。サラスも「PKはゲームの一部だ」言っているように、PKの結果にかかわらず、平常心を保つような意識を、チーム全体が持てるようにすることが大切になります。

PKでも動揺しないメンタルの強さを持つことは決して簡単ではありませんが、日頃からどのような状況でも「平常心を保つ」ということを意識するのが大切です。次のコンテンツではPKを蹴るキッカーについて話をしていきます。

PK決めたら…
追加点奪取
勝利への可能性大
来いやー
ヨーシ
PK外したら…
相手の士気を高める
劣勢になる可能性大

PKは上達する

ＰＫのキッカーがキックを成功させるためには、どのような要素が必要になると思いますか？　当然、狙った場所にしっかり蹴る技術は基本ですが、そのほかに大きく影響するのがメンタルになります。キッカーには大きな重圧があり、それにどう立ち向かうか。言い換えれば、集中できるかが鍵になるのです。

「ＰＫはその日の運だけではない。日頃からのトレーニングによって上達するスキルだ」

これは、ＰＫのスペシャリストと言われた、アルベルト・エバリスト（アルゼンチンのリーベルプレートなどで活躍）の言葉です。

彼は、フリーキックのキッカーが、フリーキックのトレーニングをするように、毎日欠かさずＰＫの練習をしていたと言います。その時、必ずゴール両サイドの後ろ側のポストめがけてボールを蹴っていたそうです。

ＰＫは、サッカーの試合のなかで、独特の雰囲気を醸し出す瞬間でもあります。全選手はもちろん、プロの試合ではスタジアムにいる観客の目、子供たちの試合でも周りを囲む親たちの目が一点に注がれます。これが試合中のＰＫであれば、「ＰＫの影響力」で述べたように、そのキックの結果次第でチーム全体にまで精神的な影響を与えるわけですから、その緊張感は計り知れないものがあります。

プレー中よりも大きな緊張を感じるこの状況を克服するには、普段のトレーニングがとても重要だと思うのですが、意外にも、ＰＫのトレーニングを積んでいる選手というのはそう多くないのではないでしょうか。

みなさんは、普段からＰＫのトレーニングを積んでいますか？

普段、フリーキックなどのトレーニングは居残ってでもするのに、なぜＰＫについてはそこまでしないのでしょうか。それは、１試合におけるＰＫの数がフリーキックに比べると格段に少ないからでしょうか。ＰＫはあたかも、運がすべてのようなイメージがありますが、そんなことはありません。試合中での重要度を考えると、トレーニングをしてしかるべき要素です。

以前、大事な場面でことごとくＰＫを止めるゴールキーパーがいました。彼は、毎日のようにトレーニング終了後、約１５０本ものＰＫを受けていたということです。これは、キッカー側にも同じことが言えるはずです。

日頃のトレーニングと同時に、私がＰＫで大事だと考えるのは一度決めたことは変えないということです。ゴールキーパーの動きを見極めて蹴るといった選手もいますが、助走中に蹴る方向を決めるとなると、集中力が散漫になりボールに集中できず、決局、キーパーの正面に飛んでしまったり枠から外れたりということが多くあります（もちろん、それが問題なくできる選手がいることも確かです）。

「ＰＫを蹴る時に重要なのは、キッカーである自分とボールだけに集中することだ。自分はボールに付着した芝生を手で落とすしぐさで、集中力を高めていた」

これは、アルゼンチリーグ史上に名を残すＰＫ職人、ラファエル・アルブレッチの言葉です。アルゼンチンリーグでＰＫ成功率が95％ともっとも高い数字を残した彼は、ボールを蹴るまでの流れをしっかり確立し、自分が作り出した世界のなかでボールに集中する術を持っていました。

まずはＰＫの技術的なトレーニングを多く行なうことは当然ですが、そのなかで自分が集中できる方法を見つけ出してみてはいかがでしょうか。相手や外部の要素に惑わされず、自分の世界に入り込む。そこにキックの技術が加われば、成功する確率はおのずと高くなることは、前途の職人たちが言う通りだと思います。

topics 2

ＰＫの悪夢

ＰＫ戦と言えば、元イタリア代表のロベルト・バッジオです。１９９０年の地元イタリア大会にはじまり、94年のアメリカ大会、98年のフランス大会と三大会連続で代表として出場しました。いずれの大会でも、イタリアはＰＫ戦で敗れたのですが、バッジオは三大会ともＰＫ戦のキッカーとしてピッチに立っていたのです。

そのなかでも、アメリカ大会、ブラジルとの決勝戦で繰り広げられたＰＫ戦は、後世に残る名場面として語り継がれています。誰もが決めると思っていた、最終キッカーのバッジオが蹴ったボールは、ゴールマウスを揺らすことはありませんでした。そして、彼のミスキックがブラジルに優勝をもたらしたのです。あの時、バッジオが何とも言えない表情で立ち尽くす姿は、とても寂しげでした。ワールドカップという檜舞台で、当時ファンタジスタと崇められた選手に対するこの出来事は、サッカーの神様のいたずらにしては少し度が行き過ぎていたのではないかと思わずにはいられません。サッカーには、たくさんのドラマがあるのです。

試合の内容がＰＫ戦を左右する!?

これまで、試合中に起こったＰＫが、残りの試合を大きく左右するほど、両チームに精神的な影響を与えると話してきましたが、それと同じく、試合終了時の内容が、ＰＫ戦（同点で試合終了した場合）の精神状態に影響することもあります。

つまり、それまでの試合内容や状況によって、ＰＫ戦に臨む各チーム、個々の選手のモチベーションに、相当な違いが表れるのです。

勝っていたチームが、試合終了間際、それもロスタイムなどに、ほんの些細なミスから同点に追いつかれたとしたらどうでしょう。ちょっとしたミスのために、すぐ手の届くところまでにあった勝利をみすみす逃し、ＰＫ戦に臨むことになったとしたら、精神的には決していい状態ではないはずです。

圧倒的にキッカーが有利と言われているPKのキックが、勝ち試合を逃したチームには非常に嫌なものに見えてくるのではないでしょうか。

それでは、逆に敗戦濃厚だったチームが、同点に追いつき、首の皮一枚でその試合の行方をたぐり寄せたとしたらどうでしょう。

考えられるのは、勝利目前だったチームは「追いつかれてしまった……」というマイナス思考になり、同点にしたチームは「追いついたぞ！」というプラス思考の心理になるということです。もし、この後に延長戦があった場合、延長に臨む上での心の充実度は、明らかに後者のほうが上でしょう。こういった心の余裕や勢いが、延長戦だけでなく、PK戦でもいい結果を導く可能性があるのです。

事実、冒頭でも紹介しましたが、2005年のUEFAチャンピオンズリーグの決勝、イタリアのACミラン対イングランドのリバプールの試合が好例です。ACミランは3対0と大きくリードしていたにもかかわらず、本人たちはそうではないと否定するかもしれませんが、「勝ちも同然」という意識が生まれたことで油断し同点に追いつかれてしまいました。結局はPK戦にまでもつれ、最終キッカーがゴールを外し負けてしまうという、もっとも思い描きたくない形で試合を締めくくることになってしまいました。

もちろん、試合の決着を決めるＰＫ戦において、必ずしも精神的に有利なチームが勝つと言っているわけではありません。技術やコンディションなど、いろいろな要素が絡み合っての結果ですので、確かにメンタルだけが勝敗を左右するとは言い切れません。それでも、精神的に充実してＰＫ戦に挑めれば、おのずと成功の確率は上がるはずです。

キッカーとゴールキーパーとの距離は11ｍ。キッカーには遠く、ゴールキーパーには近く感じられる微妙な長さです。前にも書きましたが、試合の流れから点を取ることに比べれば、これほどシンプルに点を取れる行為はありません。そのことを、しっかり理解することが何よりも大切です。

ＰＫ戦にいたるまでの流れがどうであれ、一対一で行なうＰＫ戦は、条件的には対等です。たとえ、勝っていた試合で追いつかれＰＫ戦になったとしても、その時点で負けたわけではありません。お互いが五分五分の状態です。このように、悲観的にならずに、何事もポジティブに考えを転換できる選手は強いメンタルの持ち主と言えるでしょう。

最終的に、ＰＫ戦を制するためには、どれだけ余裕をもってＰＫ戦に入ることができるかが多少なりとも影響するのではないかと考えています。試合の流れを引きずったまま入るのか、試合の流れを断ち切って、新たなモチベーションで挑むのか、すべては落ち着いた心、メンタルの強さがポイントになってきます。

正直なところ、ＰＫというキーパーとの真剣勝負を前にして、緊張しない選手はいないのではないでしょうか。だったら、それをどう和らげ、少しでも平常心で行なえるかを考えてみましょう。

そのためには、ここでお話ししたような、普段からのトレーニングでキックに自信をつけておくことや、自分から集中する環境を作っていける習慣などを身に付けておきたいものです。もし、みなさんが「ＰＫを蹴るのが嫌だ」と思っていたら、ぜひ今からこういったことを行なってみてください。

気持ちを切り替えるということ

「気持ちを切り替える」ということは、過ぎたことを気にするなということになります。それは、いいことでも悪いことでも同じです。つまり、うまくいったことをいつまでも考えていても、思いもよらず足元をすくわれる可能性がありますし、悪いことを引きずっていたら、精神的に集中できなくなります。

実際、サッカーの試合中にも「切り替えろ！」という指示は、チームメートや監督からよくでる言葉です。しかし、言葉で言うほど簡単でないことも事実です。「過ぎたことは忘れろ！」と言われても、どうしても意識してしまう場合もあります。

「切り替える」ということは、「各状況下で、自分がやらなければならないことを再度認識し、それを実行すること」と言い換えることができるのではないでしょうか。要は、その出来事を忘れることができなくても、自分の仕事をこなし続ける、ということです。

サッカーでも人生でも、いろいろな出来事があります。それに影響されるのは、人間としてごく当たり前のことですが、いつでも自分の役割を忘れないような意識を持つことが大切になります。

攻撃の第一歩はゴールキーパーから

みなさんはゴールキーパーというポジションをどのようにとらえていますか。そしてゴールキーパーというポジションの重要性をどれだけ理解していますか？

ゴールキーパーは、フィールドプレーヤーとは異質であり、大きな責任を背負っているポジションです。それゆえ、強いメンタルが求められるポジションなのです。

ゴールキーパーの一番の特徴、またはほかの選手との違いは、手を使えることです。これはゴールキーパーだけに許されている特権であり、ゴールを守る最後の砦として、大きな責任を持つ代わりに許されている権利です。そんなゴールキーパーですが、それ以外にも特殊な部分が多々あります。その部分を理解していくと、ゴールキーパーというポジションの本質が見えてきます。

まず、ゴールキーパーの特徴、特権を簡単に整理してみましょう。

【ゴールキーパーだけの特徴、特権】

1 ユニフォームが違う

2 帽子を被ることができる

3 背番号が「1」である。※これは、特別ルール決められている訳ではない。伝統的にゴールキーパーはこの番号が使われることが多い

4 唯一手が使えるポジション

5 本人の指示や戦術眼でゴールを阻止できる

6 このポジション以外のポジションをこなすのが難しい

7 失点に対して、最大の責任を負うことが多い

これは、表面的に見て取れる特徴ですが、実際に求められるプレーは、それだけではないことがわかります。

ゴールキーパーはよく「守護神」や「最後の砦」などと言われ、ディフェンスの要となる部分のように表現されます。これは間違いではありません。しかし、必ずしもそれがすべてではないのです。

たとえば、相手の攻撃を、最終的にゴールキーパーがキャッチして終了したとします。ゴールキーパーはそのボールを味方に渡すことが次のプレーになりますから、ここには当然意図がなければなりません。つまり、**攻撃の第一歩がゴールキーパーからとなり、彼の判断次第で攻撃の組み立てが決まってくる**のです。チームにおける守備の中心であることはわかりますが、同じく攻撃についても戦術眼が必要とされます。スペースがなく、わずかなチャンスからしか得点を奪えない現代サッカーでは、その役割は日々大きくなっていると言えます。

最近では、ゴールキーパーの好判断によるロングキックやスローインから、一気にカウンターアタックを仕掛けるチームが増えています。ゴールキーパーの技術（前線への正確なフィード）＋戦術判断力で、直接得点のアシストをするというケースもあるのです。

常に試合を観察し、各場面で素早い判断とそれを実行できる能力を備えたゴールキーパーがいるチームは、攻撃のリズムもよく、それだけで見ている側に強い印象を与えます。こうした意識がゴールキーパーにあれば、攻撃のバリエーションが増え、相手にとっても脅威となるでしょう。

ですから、ゴールキーパーには、「自陣をしっかり守る」という意識も大切ですが、それに加えて

「**自分も攻撃に加わっている**」

という感覚を持って、ゲームに臨むことが重要です。日頃から、こういったことを意識することで、ゴールキーパーとしての幅も広がるはずです。

ゴールキーパーはチームのマネージメント役

ゴールキーパーは、ゴールを直接守るポジションにあることから、失点について直接責任を負わされることが日常茶飯事です。

失点は多くがチーム全体の責任であるにもかかわらず、プロの場合などは新聞にゴールシーンが大きく掲載され、あたかもゴールキーパーだけが悪いような印象を作り出してしまいます。これほど本人の思いや本質とは裏腹に、いろいろな意味で矢面《やおもて》に立たされるポジションはありません。

ゴールキーパーは、攻撃の一番後ろからプレーの一部始終を観察することができます。ですから、逆にそういった利点を理解し、生かすことができれば、よりゴールキーパーとしての能力を広げることができます。

私は、**ゴールキーパーは強いメンタルはもちろん、頭がよくなければ務まらないポジション**だと思っています。

後方からゲームを見ながら状況を分析して適切な指示を出し、味方に実行させる頭脳も兼ね備えなければなりません。さらに、味方全体を鼓舞、叱咤激励すべきポジションですので、チームのマネージメント役であると思います。こうした能力に長けた人間がこのポジションにいると、チームとしての雰囲気がとてもよくなるものです。

ゴールキーパーは普段から自分のプレーはもちろん、**自チーム、そして相手チームを分析し、試合を有利に進め誘導できるように心がけましょう**。紅白戦や練習試合から、そういった分析をする癖をつけていくことが大切です。

地味な作業であり、周りにはわかりづらいかもしれませんが、この作業の繰り返しが、いいゴールキーパーになるための道です。この部分をどれだけに綿密に実践できるかが鍵になるのです。

チームを後方からマネージメントする役として、ゴールキーパーは、攻守において、もっとも重要なポジションです。ですから、ゴールキーパーはそういった意識を自ら持つようにしなければなりませんし、指導者も同様に、そういった意識を持たせなければならないのです。

マネージメントとは

ビジネスでもよく使われる言葉に「マネージメント」というものがあります。この場合のマネージメントとは、現場を管理し導いていくことに当たります。サッカーにおけるマネージメントに適したポジションと言えば、後方からすべてを見渡せるゴールキーパーとなります。

ゴールキーパーには、問題に気付きそれを解決していく能力が求められるだけではなく、何よりも逆境に立たされた時に、それを乗り越えていくだけのメンタル的な強さが不可欠になります（とくに失点した後）。

日常生活で、とくに仕事の現場などでも、グループを統括する立場の人には、より強いメンタルが要求されます。すべての責任を受け入れる立場のリーダーが浮足立ってしまっては、グループ全体に影響し、空中分解してしまう場合があるからです。グループが目指している目標に、どのような方法で、どのようにメンバーにモチベーションを与えながら導いていくかという志向が常に必要なポジションの人間には、何事にも屈しない気持ちの強さが、やりぬく上での基盤となります。

ゴールキーパーはメンタルの強さが求められる

ゴールキーパーは非常にタフなポジションです。

ゲームを通じてどれだけ安定したプレーをしていたとしても、1回のミスから失点してしまい、それが勝敗に結びついたとしたら、その責任はゴールキーパーにあり、周りからの評価となる恐れがあります。

これは明らかに、**10回のチャンスで1回でもゴールを決めれば評価されるフォワードとは正反対**です。

ですから、そうした逆風に耐えるメンタルの強さが、ゴールキーパーには求められるのです。失点ごとに下を向いてしまっていてはとても務まりません。

どんな形で点を取られたとしても、ネガティブに失点を引きずらずに、チームを鼓舞し続ける役割があるのです。また、失点が原因で集中力が途切れてしまったら（気持ちが落ちる）、残りの試合時間で本来の力が発揮できなくなります。

そんなゴールキーパーに求められる要素として、私が考えるものを以下に挙げたいと思います。

【ゴールキーパーに必要な要素】

1　パーソナリティー

自分というものをしっかりと持つ

2　責任感

ゴールを守る最後の選手であることを認識する

3　精神的な強さ

失敗を引きずらず、どんな状況でもポジティブに考えられる

4　ゲームを読む力

各場面において状況を的確に判断する

5　集中力

一試合を通じて、ゲームの状況を分析する

6　チームメートへのサポート

チームメートを鼓舞したり、状況に合わせた指示を出す

7　コミュニケーション

味方のディフェンスラインとの連携

ここで上げた7つの要素は、1番のパーソナリティーのような先天的な要素以外は、すべて今からでも向上させることができます。普段のトレーニングや試合の中で、自主的に意識することが大切です。

また、もし知り合いにゴールキーパーの経験者がいるようであれば、その人に専門的な話やトレーニングをしてもらってもいいでしょう。ゴールキーパーにはゴールキーパーにしかわからないことがたくさんあるので、適切なアドバイスがもらえるはずです。

審判はミスをする

ここからは、審判と選手、そして審判と監督の関わり方について話を進めていきたいと思います。

試合をする上で、審判の存在は絶対に欠かせないものです。ふたつのチームがピッチで真剣勝負を繰り広げる上で、審判がルールのもとに判断を下し、公平なジャッジをすることで、試合は初めて成立するからです。つまり、審判がいないスポーツは、スポーツとして成り立たないと言っても過言ではありません。

しかし、**審判も人間ですので、当然、ミスを犯す**ことはあります。

みなさんも、審判に対していろいろな思い出を持っていると思います。とくにそのなかでも、自分に不利にジャッジされたと感じるものは、いつまでも鮮烈に残っていたりするのではないでしょうか。

審判のジャッジは絶対ですので、まず覆ることはありません。ですから、審判の下す判断は、ゲームの内容自体を大きく変える要素を充分に含んでいるのです。

もし、審判が、自チームの勝敗に影響するほど不利なミスジャッジをしたら、みなさんはどうしますか？

普通は、本能的に、猛然と抗議をしたくなるはずです。それは自然な感情として何もおかしなことではありません。ですが、こういった状況でこそ、チーム全体がもう一度落ち着いてプレーすべきなのです。理由は、**抗議をしても判定は変わらない**ことと、審判に対しての印象です。逆に、「次はこっちが有利な反則をもらえるはずだ」と構えるぐらいのメンタルの強さがほしいところです。

つまりは、「**審判のミスジャッジは試合の一部だ**」と割り切るぐらいでちょうどよく、それも選手が持つべきメンタルの強さと言えるのではないでしょうか。

YelloooooW!!
PiPiiiiii...
やってないんですけど…

選手と審判の間に信頼関係を築く

「審判もミスをする」

繰り返しますが、ミスジャッジに対して抗議をしても得られる利益はありません。判定が覆るならまだしも、ムダなエネルギーを費やすだけで、よりストレスが溜まるだけです。さらに、抗議に対してイエローカードを受けたりしたら、苛立ちから以後のプレーに集中できなくなります。そしてそれが、いろいろな意味でチームに迷惑をかけることになるのです。

ある調査によると、審判は、90分の間に平均して１２０回のジャッジを下すそうです。「ジャッジ」とは、決断を実行に移すことですが、その間には3つのプロセスがあります。

1　観る……ゲームの状況を視覚でとらえる（状況把握）
2　判断……物事をどうジャッジするかを決める（決断）
3　実行……実際に判断を実行に移す（執行）

この3つの行為を、常に正確に120回行なわなければならないのですから、審判にも相当な集中力とスタミナが必要だということがお分かりいただけると思います。これを毎回ミスなくこなすことは至難の業です。

ですから、開き直って、審判のミスジャッジに対応していくほうが賢明なのです。

ミスジャッジに対して、**チーム全体で冷静に対処し、ムダなエネルギーを浪費したり、警告を受けないように心掛ける**こと。納得いかない状況でも、チームとして前向きに対応できれば、その後も高いパフォーマンスが維持できるはずです。

さて、ここに審判とうまく関係を作るおもしろい話があります。

あるチームが、試合前に審判にしっかりと挨拶をしたそうです。試合の間は、審判が下すジャッジにいっさい文句を言わず、自分たちのプレーだけに集中しました。するとが、審判もこのチームの紳士的な態度に好感を持ち、無意識のうちに公平であり、やや有利とも思える判定を下し始めたそうです。

これは、このチームが審判に対していい印象を与えようと思って意図的にやったことではありません。あくまでも、自分たちのスタイルとして取り組んだ行為だったわけですが、審判にいい影響を与える結果となったのです。チームと審判の間に信頼関係が生まれ、理想の展開に持っていくことができたそうです。

ここで何が言いたいかというと、審判の判定に従うことで、場合によっては審判を味方につけてしまうようなことがあるということです。審判はロボットではなく、感情を持った人間なのです。逆に抗議ばかりしていれば、審判には悪い印象を持たれ、より厳しいジャッジをされかねないのです。「ジャッジに対して割り切るメンタル」は、こういう意味でも大切になります。

オハヨー
ゴザイマース!!
あ~ヨロシク~
今日もガンバレよ~

ミスジャッジに対する監督の対応

ミスジャッジには、選手だけでなく、ベンチにいる監督も敏感に反応します。もしかしたら、そのジャッジが絡んだ要因で試合に負けてしまうことがあるかもしれません。しかし、監督がそのミスジャッジだけを敗戦理由にし、自らの責任を省みないのはいかがなものでしょうか。

確かに、勝敗結果に直接関係したのは、そのジャッジかもしれません。ですが、90分間のうち、ほかの時間はすべてまともにプレーできていたのでしょうか?

そのジャッジとは別に、自分のチームは何回ゴールチャンスを得ましたか?

それをものにできなかったのは、すべて審判のせいでしょうか?

審判の判定はどちらのチームにも転がりうることがあります。目の前の試合で不利なジャッジを下されることがあっても、もしかすると次の試合では、有利なジャッジをもらうかもしれません。審判のジャッジというのはそういうものです。もし審判のジャッジが明らかに勝敗に影響したとしても、監督は毅然とした態度を取るべきでしょう。

「**今日は、相手チームがよかった。敗因は自分たちにある**」

こういったコメントができれば、監督としての信頼も上がるはずです。実際、心のなかでは憤りを感じていても、過去にすがるのではなく、これから何をすべきかが大事だからです。責任を審判に求めてしまえば、チームとしての本当の反省がありません。ということは、チームの発展がないということになります。

敗戦の理由を、審判ではなく、自分たちのなかに探すのが本来の姿ではないでしょうか。

主観的に見ているからジャッジに不満を抱く

これまで、審判のミスジャッジとの関わり方について話してきましたが、実は、不可解なジャッジに見えるものでも、実際はまったく正当なジャッジの場合もあります。

それでは、なぜそのような思い込みが起こってしまうのでしょうか。

それは、**選手や監督、そしてファンも自分たちの主観的な立場でしか、ジャッジを見ていない**からです。つまり、相手の正当なチャージにも、「反則だ！」というような無意識な感情が働いてしまっているのです。逆に、自分たちが犯した反則に対しては「あれのどこが反則なんだ！」と思ってしまうのです。これが、ジャッジに対して不満を抱いてしまう大きな理由です。

これは裏を返せば、それだけ審判は客観的に試合内容をとらえているということです。

どんなに優秀な審判であっても、両チームがすべて納得できるようなジャッジはできません。それは、今述べたように、両チームがそれぞれの立場からでしか物事をとらえておらず、感情的になりすぎているからです。だからこそ、**選手も監督も、ゲームをより客観的に見る**ことができれば、冷静に試合を運びやすくなるはずなのです。白熱している時こそ、審判のジャッジも、すべて試合の一部だと割り切り、気持ちをすぐに切り替えられるメンタルが必要です。

「審判のジャッジには抗議せず、自分のプレーに集中する」

私たちは、審判に抗議をするためにゲームをしているわけではありません。最大の目的は勝つことなのです。そのためには何をしなければならないかをしっかりと意識し、実行していくことが勝利につながるのではないでしょうか。エネルギーは審判ではなく、プレーに注がなければなりません。

失敗から学ぶ姿勢の大切さ

人は生きている中でいろいろな経験をします。そのなかでも「失敗」は、それをどのようにとらえるかによって、プラスの方向に変えていくこともできれば、よりネガティブなものにもなっていく場合もあります。

失敗をそのままにし、そこから学ぼうとしない人間は成長することができません。いつでも「なぜ失敗したのか」を分析し、それを繰り返さないように改善していく意識が大切なのです。

また、「失敗を誰かのせいにする」ことは、責任逃避であり、自ら学べる機会を放棄しているに等しいと言えるのではないでしょうか。人は、成功から学ぼうとすることは少ないのですから、それぞれの失敗から成長の糧を得るべきでしょう。

まずは、なぜ失敗したのかということに向き合い、そこから何が学べるかということを追求していく姿勢を持っていただければと思います。つまりは、「向上したい」「成長したい」というメンタルがあれば、おのずと失敗から学ぼうとする意識が芽生えるはずです。

第2章

信頼される指導者はメンタルに精通している

メンタルをコントロールするのは大変です。選手本人のことでも、なかなか思い通りにならないこともあります。

そんな時、メンタルをうまくケアしてあげることができる第三者の存在がとても大事になります。スポーツ心理学者がいなくても、指導者やコーチといった立場の人間が、しっかりとケアしてあげられることが、選手にとって大切になります。

ここでは、指導者のためのメンタルケアのヒントを紹介していきます。

指導者に必要な3つの要素

私が考える、指導者に必要な要素は、以下の3つです。

1 リーダーシップ……………どんな状況でも、瞬時に的確な判断を下し、チームを導いていく能力

2 高いモチベーション…………常に高い意識でトレーニングやゲームに臨み物事を前向きにとらえていく姿勢

3 コミュニケーション能力……各選手の個性や状況に応じて、自分の考えや必要な情報をわかりやすくかつ確実に伝える能力

指導者は、この3つの要素をすべて兼ね備えることで、チームをいい方向へ導くことができます。

たとえば、高いモチベーションだけあっても、チームをしっかりと統率するだけのリーダーシップやチーム内の良好な関係を築くためのコミュニケーション能力が不足していたとしたら、チームは思ったように発展していかないでしょう。

また、監督の気持ちに迷いがあれば、選手もそれを察します。試合の状況が読めずに判断をしかねていれば、選手も不安に思うはずです。

そして、ただ大声で指示を出していても、真意が伝わらなければチームは機能しません。

要は、チームを機能させるには、**3つの要素のいずれかだけが特出していてもダメなのです。3つそれぞれがバランスよく調和していることが大切**です。

いい監督とは、どのような状況においても、自分の考えをしっかり選手に理解させたり、モチベーションを高める術を知っている人です。しかし多くの監督は、リーダーシップも取り組む意識も高いのですが、選手とのコミュニケーションの仕方が適切ではないため、選手たちの能力を最大限に引き出すことができないでいます。

それでは、ここで、選手とのコミュニケーションについて少し話をしましょう。
みなさんは、選手とコミュニケーションを図る時、どれだけ気を遣っているでしょうか。あまり、気を遣わずに自分のペースで話してみたり怒鳴ってしまったりしていませんか。つまり、自分が「伝えた」「伝わったはずだ」と思い込み、満足していませんか。

私の好きなハリウッド映画に『エニー・ギブン・サンデー』というものがあります。名優アルパチーノが主演するこの映画は、アメリカンフットボールを題材にしています。映画の見所は、決勝を前にしたミーティングシーンです。大一番を前にした監督は、時には感情を剥き出しにしてまくしたてたり、次の瞬間は静かに語りかけるようにささやいてみたりと、声色を状況に合わせ巧みに使い分けながら選手たちを勇気づけるのです。

このように、話のトーンを変えることで選手たちを刺激することも、コミュニケーション能力のひとつです。

映画ですから、少し芝居がかっているのは当然ですが、こうした試みは意外に効果を発揮します。選手の個性やゲームの状況、チームのある状況を考慮し、どのような手段で自分のメッセージを伝えるか考えることはとても大切です。

怒鳴るにしても、それをバネにさらにポジティブになれる選手がいれば、逆に萎縮して能力を発揮できない選手もいます。そういったことを理解して、選手のモチベーションを高めていったり、戦術内容を伝えれば、選手のパフォーマンスは上がるのではないでしょうか。

メッセージを伝えるために、その伝え方に気を遣うことはとても重要です。

リーダーシップ、高いモチベーション、そしてコミュニケーション能力、この3つの要素をすべて兼ね備えることはなかなか容易なことではありません。しかし、兼ね備えることができれば、選手からの信頼を勝ち取りチームをいい方向へ発展させることができるのです。その結果は、必ず評価として自分に返ってきます。

チャレンジする価値は、おおいにあります。

信頼されるリーダーになるために

リーダーシップ＝信頼

監督をはじめとする指導者のリーダーシップとは、選手との信頼関係があって初めて成り立ちます。ですから、絶対的な統率力、またはどのような戦略を発揮するにしても、選手との信頼関係をしっかり築くことが不可欠になります。選手の個性や状態を常に気にかけ把握しながら、チームを作り上げていくようにしたいものです。調子の上がらない選手がいれば、気遣いながらその理由を聞き出し、うまくメンタルをケアしなければなりません。一方で、何事もうまくいき過ぎている選手に対しては（自信過剰な状態）、それとなく気付かせてあげることも大切でしょう。

このような形で常に選手を気にすることで、彼らとの間に確かな信頼関係が生まれ、監督として選手を惹きつけることができるようになるはずです。しかし、勘違いしてはいけないのは、何でもかんでも悩みに入り込み、過保護になり過ぎないということです。

それでは、ここに信頼される監督になるための大まかな要素を挙げてみましょう。

1　状況によって自分を順応させることができる（柔軟性）
2　どういった人間とでも、違和感なく話せる柔軟性がある
3　人種差別を排除し、正しい言葉使いで接することができる
4　負けた相手を軽蔑するような行為をしない
5　感情豊かな人間としてのモデルとなる
6　アスリートの掲げる目的やゴール設定を手助けし、それを実現させるための後押しをする
7　勝利のための可能性を広げるための努力を怠らない
8　理性的に行動し、常に謙虚でいること
9　敗戦を選手のせいにしない

指導者のなかには、自分が主役になるように振舞う人がいます。要は、目立ちたがり屋で、自分の考えをどんな時も押し通す人です。確かに、指導者として自分のスタイルを貫くことは大切です。しかし、時には状況に応じて臨機応変に対応しなければならない時もあるはずです。選手に対して、どんな時でも監督の考えを押し付けてしまうようなやり方では、せっかく築いた信頼関係が崩れてしまう恐れがあります。

信頼される要素にもありますが、「柔軟性」というのが非常に大事なポイントになります。サッカーでは、自分のスタイルを押し通したくても、そうはいかない状況がたくさんあり、各人が我慢しなければならない場合があります。またそれがチームスポーツというものではないでしょうか。

スポーツは、まず選手ありきです。選手の個性や特徴を生かすには、監督はピッチ上で起こることに対して柔軟でなければなりません。

それでは、選手と良好な関係を築き、継続させる上で大切な要素を挙げてみましょう。

【リーダーシップを失うであろう行為】

・説得力のない言動

・誠実さを欠いた行為

・監督としてのイマジネーションが感じられない時
・統一性を欠いた行為
・横柄な態度をとった時
・決断力を欠いた時
・責任転換をする
・自分自身を制御できない（我慢、忍耐力の欠如）
・不安を感じていることが伝わってしまった時
・約束を破った時
・非社会的な行動をとった時

監督は、試合で選手の能力を最大限に引き出せた時に、初めて役割を達成したと考えることができるのではないでしょうか。

選手のなかのリーダーだったロマーリオ

「ＰＫのキッカーはロマーリオ。あとの４人は誰が蹴ってもいい」

この言葉は、１９９４年にアメリカで開催されたワールドカップの決勝、ブラジル対イタリアによるＰＫ戦を前にして、当時ブラジル代表監督を務めていたカルロス・アルベルト・パレイラ監督がキッカーを決める際に発したものです。「この言葉の裏にはどんな意味があるのだろう？」と感じざずにはいられない言葉ですが、パレイラには、確信がありました。

ワールドカップ史上初めてＰＫ戦にまでもつれ込んだ決勝戦。その計り知れない重圧から、自主的にＰＫのキッカーを志願する選手はいませんでした。しかしその瞬間、ロマーリオが突然一歩前に出て、その場にたたずんでいた選手を指しながらこう言ったのです。

「蹴るのは、お前、お前、お前、そしてお前！」

ワールドカップの南米大陸予選では、そのわがままな行動と公然とチームメートを批判したことで代表から外されていたロマーリオ。それが原因か定かではありませんが、予選中ブラジルは予想外の苦戦を強いられていました。それを見ていたロマーリオが「俺を招集したら必ず2点取る」と発言。その後、ロマーリオは代表に招集されるのですが、復帰戦のウルグアイ戦で見事2ゴールを決め、最終的にブラジルの予選突破に大きく貢献したのです。

有言実行を見事成し遂げたロマーリオに、関係者だけでなく地元ブラジルも大いに熱強したのは言うまでもありません。

そして、本大会の決勝戦。そんなロマーリオに指名された選手たちは、「ロマーリオが言うのだから大丈夫」と感じたのでしょうか。彼らは、見事にPKでの役割を果たし、ブラジルを4回目のワールドカップ優勝に導いたのでした。

コミュニケーションの重要性

コミュニケーションが取れているチームと、そうでないチームとでは、どのような違いが生じてくるでしょうか。そもそも、コミュニケーションとは、単なる言葉の交換ということでしょうか。

私が思うコミュニケーションとは、**意思の疎通であり、お互いの考えや伝えたいことが理解された時に成り立つもの**です。ただ一方的に言葉を発しただけで、相手が理解していないような場合は、それをコミュニケーションと呼ぶことはできません。それは、「伝えた」という自己満足に過ぎません。

つまり、コミュニケーションをしっかり取るということは、当事者同士（選手同士）が何らかの課題を理解し、情報を共有することで、共通認識のなかで課題の解決策を考えたり、チームがより向上するために試行錯誤することです。

監督は、チームのなかで唯一、チームスタッフや選手の意見を取り入れ、最終的な決断を下す権限があります。もちろん、時には、状況次第で独断での決断をしなければならない時もあります。

とくに、監督がチーム内でうまくコミュニケーションを図るためには、そのやり方が大切になります。先ほどコミュニケーションの定義を記しましたが、重要なのは監督の意図が選手にしっかり伝わっているかということです。話のなかで、「選手たちをどれだけ惹きつけることができるか」で、それがコミュニケーションとなったのか、またはただの雑談で終わってしまったのかが決まります。

これは一人ひとりをケアする時も同じです。監督だけが一方的にまくし立ててしまったら、選手とのコミュニケーションは成り立ちません。お互いが考えていることを理解して、初めて意思の疎通となるわけです。これは決して監督だけに限ったことではありませんが、どんな相手に対しても、コミュニケーションとは、相手に自分の意思が伝わった時点で成立するということを覚えておいてください。

監督と選手の間でコミュニケーションを取ることで得られるものは以下のようになります。

【コミュニケーションを取ることで得られるもの】

・**チーム内の情報を交換できる**（選手のサッカー観、選手の悩みやプライベートな出来事、選手同士の相性、コーチと選手の相性、など）
・**状況の把握ができる**（選手およびチームのコンディションやメンタル的な状態の確認）
・**グループの目標に対して一貫性を持たせる**（チームが目指すものに対して、意思統一を行なう）

意味のあるコミュニケーションを円滑に行なうためには、ただ言葉を羅列しただけではなかなかうまくいきません。効果的にしっかりと伝えるためには、**話している時のジェスチャー**が大きなポイントになります。次に**声のトーン**です。話し方に強弱をつけることで、選手たちは一気に引き込まれます。そして、最後は**滑舌よく話す**ことです。要は視覚や聴覚をうまく刺激することが大切なのです。

チームが結束するための5つの条件

ここまで、「指導者に必要な要素」や「リーダーシップをいかにとるか」、「コミュニケーションをどのようにとればいいのか」といった、監督が、理想のチームを作り上げるためにどういった資質を備えるべきなのかということを話してきました。

ここでは、チームが結束する上で必要不可欠なポイントを５つ紹介していきます。

いろいろな問題と直面し、それを解決しながらチームを作り上げていくのが監督の役割です。そのなかには、「チームの結束」という、一筋縄ではいかないものもたくさんあります。それをどのように作り上げていくのか、みなさんも状況ごとに頭を悩ませているのではないでしょうか。

以下のポイントは、決して「絶対的なもの」ではありませんが、「結束力」を高める上で参考になるはずです。

【チーム結束の5つの条件】

1　助け合う意識を持つこと

チームのパフォーマンスを高めていくためには、各選手がお互いの長所を出し合うことが大前提です。そして、それぞれの短所をどれだけ補えるかが、強いチームを作るためのひとつのポイントです。そういった意識をチーム全体にどれだけ持たせることができるかは、選手個々による自主的なものもありますが、監督が大きな手腕を発揮しなければならないところです。自分の任された役割以上に何ができるか。それが結果的にチームの団結力になります

2　リーダーシップ

チームを結束させるには、監督のリーダーシップが不可欠です。監督に対しての信頼感が選手たちから得られなければ、結束力は脆いものとなってしまいます。

3　コミュニケーション

チームの目標を達成するためには、各選手のパフォーマンスが最大限に発揮できるような意思の疎通、つまりコミュニケーションが大切になります。選手が自主的に行なうのはもちろん、監督を中心に、チームに関わる全員でそのような場を設けることが

必要です。

4 信頼

「チームのために」という意識を持つことから生まれます。これも、コミュニケーションと同様に、リーダーが中心となって雰囲気を作り上げていかなければなりません。自己の利益のみを追求するような選手には、「チームとしてどうあるべきか」ということを説かなければなりません。

5 目標

常に具体的な目標を掲げることで、チームとしてのモチベーションを高く保つことができます。それを達成するために、各選手がチームとして何をしなければならないのかを考えるようになります。

選手たちの個性を、ムダなく融合させることで、最大限にチームのパフォーマンスを発揮させるのが監督の仕事です。ここに挙げた5つのポイントをしっかりとおさえ、チームを作る上での参考にしてください。

チームに生まれる相乗効果

チームというのは、個人が集まった集団で、ひとつのものに対して同じベクトルを持って進むグループのことをいいます。これはスポーツだけでなく、さまざまな事に対しても同じことが言えますが、このチーム内の個が、ばらばらな方向にベクトルを持っていれば、チームは絶対に強くなりません。

たとえば、ある仕事を5人のチームで遂行移行している時に、ひとりが左を向き、あとの4人が右を向いていれば、左を向くひとりの力がマイナスに働き、それだけチームとしての力が発揮されないというケースが出てきます。

そして相乗効果ですが、個々の能力が同じ目的に向かって走り出した時に、1＋1が2以上の力となって発揮されることがよくあります。これは、それぞれがお互いの得意とする能力を引き出したり、苦手なところをカバーしあうことで生まれる力です。また、お互いが「がんばろう！」という気持ちを刺激し合い、モチベーションを高く持てるのも大きな要因です。

チームを強くする鍵は、個々が同じベクトルを持って物事に取り組んで行けるかです。そこに、不思議な力が相乗効果となって現れるのです。

真のリーダーの役割とは

みなさんは、リーダーのあるべき姿とはどのようなものだと考えていますか？

私は、**チームの先頭に立ち、掲げた目標に対してチーム一丸となって導くことができる能力を備えた人間**だと考えます。

このように定義として書くと、実に簡単なように見えますが、これは非常に体力を要する仕事です。とくに結果に対してすべての責任を負うという立場ですから、メンタルの強さが何よりも必要になります。プロの世界では、勝てば評価をされますが、負けた時には盆をひっくり返したような批判さえも受け入れなければなりません。リーダーには、チームをまとめ上げていくという日々の仕事のほかに、結果に対しての責任をすべて背負うという責任感が求められるのです。

素晴らしいリーダー（スポーツでいう監督）がいるチームは、チーム内の意思の統一が図られ、各人の役割以上のパフォーマンスを発揮することが多々あります。「チームのためになにをしなければならないか」ということを、サブも含めた選手全員が理解しているからです。

選手に明確な目標と役割を与えることはリーダーの大事な仕事です。「自由にやって来い！」という指示だけを出す監督もいますが、「チームとして何を目的としているのか」を選手に理解させた上で、「それに向かって自由な発想でプレイなさい」という意味でなければなりません。意外と、「自由にプレイする」という意味を選手たちが履き違えている場合があります。

チームとして機能するかどうかは、リーダーの選手に対する指示が、的確に理解されなければならないのです。

ですから、選手の質ももちろんありますが、リーダーの能力によって、そのチームがどれだけ機能するかが決まってきます。つまり、リーダーは選手のメンタルを刺激し、チームにおける意思統一をどれだけ施せるかということです。チームの団結力が上がれば、全体のパフォーマンスも確実に上がります。各選手が、お互いの能力を把握しながらひとつの目標に向かって進んでいく時のエネルギーは、計り知れないものがあります。これを生み出すためには、いいリーダーの存在が絶対に不可欠になります。

そして、チームを導くにために必要なものが「目標」です。目標のないところに向かって努力しろと言ったところで、それは無理な話です。人は、「何かをやりたい」「何かを達成したい」という気持ちを持って、初めて行動に移れるからです。しかし、この目標設定にも、リーダーは気を遣わなければなりません。各選手が実現可能であるとイメージでき、なおかつ、それでいて簡単には手が届かないようなものでなければ、本当の目標とは言えません。あまりに現実離れした目標では、選手たちにモチベーションが生まれませんし、簡単なものであれば、努力せずに達成できてしまうかもしれません。ですから、目標設定はチームを動かす上で非常に大切なのです。

目標は、チームを作る上での絶対条件です。

目標がなければ、チームに団結力は生まれません。団結力がなければ、チームとして機能することはできません。**目標設定こそ、リーダーがとりかかる最初の重大な仕事になります。**

強いチームというのは、全員が個人のことよりもまずはチームのことを考えてプレーします。目標を達成するために、自分としてはどうチームに貢献できるかということをしっかり考えられる個人の集団です。当然、選手はひとりの人間ですから、それぞれが個人的に目標を持つことは大切です。要は、そういった個人的な目標もチームに貢献できるものであるべきということです。

リーダーとは、目標設定をし、パーソナリティーの塊（選手たち）をまとめ上げる力量がどれだけあるかに尽きるのではないでしょうか。そのまとめ上げる能力というのは、結果的には選手たちのメンタルをしっかり把握し、モチベーションを高めていくことなのです。

ハイッ
Bは■■■を固めて、タイミングを見て▲▲▲をするように Cは□□□をマークして、★★★を忘れないように Aは●●●だから×××を守るように
ハイ!!
わかりました。

選手のメンタルも、日々のケアが大事

いい監督というのは、選手のメンタルの部分をしっかりとマネージメントすることに長けています。

サッカーの監督は、多くの選手をマネージメントする必要があります。個性の違うたくさんの選手をケアすることは容易なことではありませんが、それができるかできないかで、チーム内での監督の評価が下されると考えても間違いないでしょう。

チームにいい結果をもたらすためには、各選手のモチベーションを高めるような働きかけが大切になります。難しいのは、個人によってモチベーションを高めるための方法が異なることです。ややきつめに対応することで士気を高められる人もいれば、そのやり方では逆にもっと落ち込んでしまう人もいます。

そうならないためにも、選手一人ひとりの性格や特徴を把握しケアしなければなりません。指導者による選手の観察力が問われるところです。

さて、選手をケアする上で、**とくに気を遣いたいのが、出場機会が少ないレギュラー以外のサブの選手**です。彼らは、普段から「なぜレギュラーになれないのだろう」「レギュラーとして活躍できる自信があるのにチャンスをくれない……」と、物事をマイナスに考えてしまう傾向にあります。

そこで、サブの選手たちに「自分は監督に相手にされていない」と思わせないためにも、コミュニケーションが必要なのです。

レギュラーの選手たちは、「チーム内での自分たちの地位」の面から考えても、精神的にサブの選手よりかなり安定しています。もちろん、場合によってはそうでないこともありますが、「試合に出場できる」というモチベーションは高いはずです。だからこそ、監督はサブの選手たちのモチベーションを低下させないような働き掛けが必要なの

です。サブのメンバーに対しても、

「チャンスは必ずあるからがんばれ！」

という姿勢を見せることが大切です。そうすることで、サブの選手たちも「自分たちが必要とされている」と認識し、チーム全体の団結力が非常に高まります。日頃から、**チームを下から支えている選手たちとの信頼関係を築く**努力をしましょう。

レギュラーもサブのメンバーも、同じベクトルを持ち、高いモチベーションで目標に向かわなければなりません。それが、結果的にチーム全体の力を底上げすることになるわけですから、監督としても、「誰を試合に出しても問題ない。戦力は落ちない」という理想の状況につながっていくわけです。

日々の技術的、戦術的なトレーニングはもちろんですが、強いチームを作っていくためにはメンタルのケアを怠らないようにしなければならないのです。

選手に接する時は、彼らの性格、置かれている状況などを理解した上で、適切な対応をするように心がけてください。選手の心は敏感ですから、こうした監督の対応がマイナス方向に働かないように、充分気を付けて行なうことが大切です。

では、サブの選手の立場から考えた場合はどうでしょうか。私は、サブの選手たちも、監督に「自分はいつでも試合に出る準備ができている」という高いモチベーションを見せなければならないと思います。一番大切なのは、どんな時でも、自分で高いモチベーションを維持することです。意識の低下している選手を試合で使う監督はいません。確かに、監督から言われて気付くことや、それがきっかけでモチベーションが上がることもあります。

ですが、スポーツは常に競争があって成り立っています。それを理解し、もし現在チームメイトに劣っていると感じているのなら、自分からそれを縮めて行き、超えて行くという強い気持ちを持たなければなりません。

簡単に諦《あきら》めてしまったり、腐ってしまっていては、前に進んで行くことはできないのです。

リーダーシップとは

監督に求められる要素のひとつにリーダーシップがあります。リーダーシップとは**物事を実行する上で先頭に立ち、グループ内での精神的な支柱となり、いろいろなことに対して率先して決断を下す行為**と定義できると思います。

自分ではリーダーシップがあると思っていても、それを判断するのは周りの人間です。サッカーにおいて、その監督にリーダーシップがあるかないかを判断するのは選手であり、これを社会に照らし合わせれば、会社などでは従業員ということになります。

自信があることはいいことですが、もしかするとそれは単なる思い込みかもしれません。先頭に立つ人間は、最初に述べたことがしっかりと実践できているか、心のどこかにとどめておくことが大切です。

よく、「彼には強烈なリーダーシップがある」ということを耳にしますが、こういった人たちに共通しているのは、**逆境に屈せず強い気持ちを持って問題に立ち向かって行く態度**があることです。リーダーという立場の人間が、すぐに心が萎え、問題に対して簡単に屈していては、部下たちからの求心力を得ることはできません。何事もそうですが、一度失った信頼を取り戻すには、努力以上に時間がかかります。ですから、リーダーシップを発揮するには、優柔不断ではなく、自信を持った行動、態度が不可欠になります。

また、ミーティングなどで、「選手たちが自分に対してどのような反応を見せているか」、また「自分は選手たちを惹きつけるような話し方ができているか」を知る手段として、その様子をビデオに撮り、振り返るというものがあります。一度、これをやってみて自分を客観的に見てみるとよいでしょう。

選手のメンタルをうまく刺激する

監督は、自分の選手たちが、いい雰囲気のなかでチームが掲げた目標に向かってしっかり進んで行けるようにするために、メンタル面での充実を図ることが重要な課題のひとつとなります。自分がイメージする戦略のもと、ゲームをどのように展開し勝ちを手にするのか。**チーム全体が団結し戦うためには、選手の「やる気」をいかにうまく刺激するか**ということが大事なポイントになるのです

とくに、組織が大きくなればなるほど、隅々まで目が行く届きにくくなりますから、より注意が必要です。「自分はこのチームに必要な存在だろうか」と感じているメンバーがいれば、その分だけチームの総合力は落ちてしまいます。これまでにも説明したように、チームの強さは、個人個人の持つベクトルが同じ方向を向くことで生み出される力に比例するのです。

たとえば、ある会社が新規プロジェクトを立ち上げるためにチームを作るとします。

そこにはリーダーがいなければなりませんが、この仕事が順調に進むか進まないかは、このリーダーの力量によるところが大きいでしょう。最初は手探り状態の従業員ですので、「このプロジェクトを成功させるぞ！」という気持ちとは裏腹に、ミスを起こしてしまうことも多々あるでしょう。

私の思う理想的なリーダーは、こういう**ミスが起こった時に上手に対応できる人間**です。従業員も一生懸命やった結果の失敗ですから、わざとしたわけではありません。それを知っていて、「何やってるんだ！」と怒鳴ってしまっては、その従業員のメンタルはマイナスに向かい、あとは失敗しないように消極的な仕事しかこなさなくなるでしょう。一方、「今回は仕方ない。次は失敗しないように頑張ってくれ！」という言葉をかけられれば、リーダーに対する信頼感も増すでしょうし、何よりメンタル面で「よし、絶対に成功させてやるぞ！」と、プラスに思うはずです。

監督が、選手のパフォーマンスを最大限に発揮させるためには、メンタルを刺激しモチベーションを上げることが不可欠です。ここでいう刺激とは、アドバイスに言い換えることができると思います。

たとえば、極端な話、対戦相手のＦＷが同年代で代表に入るぐらいの選手だとします。そういう場合、以下のようなアドバイスをＤＦやゴールキーパーにすることで、選手たちの気持ちを奮い立たせることができるでしょう。

「もし、あのＦＷにまったく仕事をさせなかったら、言ってみれば、お前たちは代表レベルだぞ！」

自分たちよりも強い相手を前にすれば、誰でも多少は不安な気持ちを持つものです。その不安な気持ちをプラスに変えるためには、何かきっかけとなる刺激が必要になるのです。

監督には、こういったメンタルを刺激するテクニックが求められます。

選手が本来持っているパフォーマンスを充分に引き出すためにも、これは技術や戦術を教えることと同じように、とても大事な要素となります。

今のおまえなら
この大会の得点王も
夢じゃない。
今日も頼むぞ！
今日も
いけそうです！

モチベーションをいかに高めるか

この本を手にしてくださった方の中には、地域クラブの指導者や、そこに所属している子供の親御さんもいらっしゃるのではないかと思います。

一般的に、そういったローカルチームに専属の心理学者がいることはほとんどありません。私がこれまで話してきたことは、スポーツ心理学者の立場からになりますが、大切なのはチームに携わる人たちに、メンタルの重要性を知ってもらい、それをケアする役割を果たしていただきたいということです。つまり、**指導者であれば心理学者の役割も果たさなければならない**ということです。

さて、選手たちは常にフィジカルやメンタルのコンディションを高く維持できるとは限りません。プライベートな出来事や、もちろんサッカーに関するさまざまな出来事が、その時のコンディションに大きく影響するものです。

選手がそれを言葉にして監督や親に伝えてくれれば対応ができるのですが、逆に指導者が気づいてあげなければならない状況もあるのです。

コンディションが悪ければ、選手たちは何かしら信号を発しているものです。それは、表情や声のトーンだったり、トレーニングや試合中の動きのキレであったりと、さまざまな場面で「いつもと違うな」と感じる場面が出てくるはずです。そういった時には、さりげなく声をかけてみるのもいいでしょう。

ケアの方法に関して、「これが万人に有効だ」というものはありません。大切なのは、各選手に適した接し方を指導者が見つけることです。

そのためには、日頃から選手たちの性格や特徴などをしっかり把握することも、仕事の一環になります。

対応の仕方のポイントは、何よりも選手の性格になります。多少強く言っても、それを受け入れてポジティブに持っていける選手にはそうすればいいでしょう。もし、監督と面と向かって話すのが苦手な選手の場合は、いきなりサッカーの話題に入らずに、まずはリラックスした話題からつないでいくという方法が考えられます。周りの目を気にするタイプであれば、タイミングを見計らって個別に対応したほうがいい場合もあるはずです。

要は、本人が話しやすい環境を、指導者側から作っていくという作業になります。

監督であれば、まずは技術や戦術の専門家というイメージが先行してしまいますが、それが浸透するかどうかは、選手たちのメンタルコンディションが大きく関係してくるものです。

現場でチームを強くするためのアイデアも、選手個々の高いモチベーションがなければうまく浸透していきません。選手が**「サッカーがしたい」「サッカーを学びたい」という気持ちを持って日々のトレーニングに励むような状態をどれだけ作れるか**が、監督の腕の見せ所になるのです。

選手たちが「やらさせている」のではなく「やりたい」と感じているかどうかを、普段から意識してみてください。

選手個人のパフォーマンスを上げることは、結果的にチーム全体のパフォーマンスを上げることにつながります。選手たちのメンタルをケアしモチベーションを高めることができれば、自分が指導しやすい現場を作ることができます。つまりは、チーム全体にポジティブな流れを生み出すことができるのです。

これまであまり選手たちのメンタル面に気を遣ったことがないという指導者は、ぜひこれを機会に心がけるようにしてみてください。きっと、今までにないポジティブな変化が生まれるはずです。「自分にできるのか……」と考えずに、まずはやってみましょう。みなさんも、指導の駆け出しのころは選手にトレーニングを行なう際、うまくいかずに苦労したはずです。試行錯誤を重ね、少しずつそのノウハウを獲得してきたのではないでしょうか。それは、選手たちのメンタルケアでも同じことが言えます。

うまくモチベーションを高めるには、場数を踏んでテクニックを磨かなければならないのです。

ミスをした選手に対しての接し方

試合に勝つためには、自分たちが立てた戦略をどれだけ実行できるかが大事になります。もちろん、相手あってのサッカーですから、そう簡単に思うようにはさせてくれません。いろいろな原因でミスが生じるわけですが、監督はそのミスに対してどのように接するべきなのでしょうか。

「ミスは誰でもするもの」

人間は誰でもミスをし、そして失敗から学ぶ動物です。ですから、失敗したあとをどう改善していくかがとても大切になります。

よく試合中に起こったミスに対して、苛立《いらだ》ちを隠せずに怒鳴り散らす監督を見かけます。その姿は、決して気持ちのいいものではありません。怒鳴られることで奮起する選手もいますが、果たして選手の心情はいかがなものでしょうか。
本人としてはわざとやったわけではないのですから結果的にモチベーションの低下につながる恐れがあります。

ミスをした選手が、成人しているのであれば、多少怒鳴ったところで問題はないでしょう。逆に、一回や二回怒鳴られただけで萎縮してしまうのであれば、「くそ！　絶対にミスをした分を取り返してやる」というメンタルを植え付ける必要があるでしょう。しかし、これがまだ高校生以下の子供だったら、よく考えて行動をしないといません。

「失敗したらまた怒鳴られる」
子供たちの感情は大人以上に敏感です。ですから、失敗に対して監督が寛大になれず、高圧的な態度を取ってしまったら、その選手のメンタルはマイナス方向へ向かってしまいます。残りの試合時間は、失敗を恐れながらのプレーに徹し、ずっと頭の中に監督の怒った顔が浮かんでいるに違いありません。これにより、子供はプレーに集中できなくなり、さらには挑戦する気持ちさえ失せてしまうのです。

子供たちに接する時は、失敗に対して「何がどうダメだったのか」ということを明確に伝え、次に失敗しないためにはどうすればいいのかというアドバイスを与えましょう。

そして、監督が一方的に答えを与えるのではなく、本人に考えさせるように導いていくことを心がけてください。

プロチームの監督と、子供たちを指導する監督の大きな違いは、ここにあると思います。子供に指導する立場の人間には、ミスをしても我慢して育てていこうとする忍耐力が不可欠です。もし試合中、その場の勢いで不意に怒ってしまったとしたら、試合後に必ずアフターケアをしなければなりません。

選手とのコミュニケーションは、場面によってその対応の仕方が変わってきます。ベストな方式はなく、日頃から選手たちのメンタルに気を配ることで、自分なりの対応の仕方を見つけられるようにしてください。

大丈夫！
次がんばれ！
うん…

ミスは必ず振り返る

ミスには必ず原因があります。

これはスポーツだけでなく、日常生活で起こるあらゆることに対しても言えます。さらに加えると、ミスに原因があるとすれば、成功にも必ず原因があるのです。

みなさんは、その日行なった試合やトレーニングを振り返り、チームや自分のパフォーマンスを確認する作業をしていますか。これは、自分自身が今どのような状態にあり次に何をすべきかを見つけるヒントを与えてくれます。つまり、人間が成長する上でとても大事な作業です。

うまくいかなかったこと、または「なぜミスをしてしまったのか」という原因を追及することで、同じ過ちを繰り返さない対策を練ることができ、そこにこそ成長の跡が見られるようになります。当たり前のようでいて、こういった作業を怠っている人は多いものです。

どんなことに対しても「なぜそうなったのか？」と、自分に問う癖《くせ》をつけましょう。

失敗にも成功にも、原因はひとつとは限りません。技術的なものや、ピッチ状況など挙げればきりがないでしょう。その原因のひとつに、メンタルがあるということを知っておいてください。普段は何気なくできることが、大事な試合でミスになってしまう。これは緊張からくることが多いのですが、監督はそれを和らげ、モチベーションを上げるなどして、選手にいいパフォーマンスをさせる手助けをしなければならないのです。

選手の交代はポジティブに

サッカーも、バスケットやバレーボールのように、何度も選手が交代できるスポーツだったらと考える時はありませんか。その場面にあった選手を起用でき、選手交代の回数に制限がなかったらサッカーは違う顔をもったスポーツになるに違いありません。しかし、逆を言えば、この**限られた選手だけでいろいろな場面を打開していかなくてはならない難しさが、サッカーというスポーツをよりおもしろくしている**のではないでしょうか。

だからこそ、サッカーにおける選手交代はとても難しいと言えます。

選手交代は、必ずしも思ったような効果が現れるわけではありません。時には、意図した以上の効果が出る時もあれば、その反対にチームの歯車がまったく噛み合わなくなってしまうこともあります。だからこそ、考えられる状況をすべて弾き出した上で決断しなければならないのです。

試合展開を打開したり、有利にもっていくために選手交代はあるわけですが、「個人よりもチームが第一」であると理解している選手は、選手交代をしっかり受け入れるでしょう。

しかし、自分のことしか考えていない選手はこのように思うこともあります。

「なんで、自分が交代するんだ！」

選手交代という行為は、警告やケガを負った訳でもない限り、交代させられる選手には受けいれ難い時もあります。確かに、「自分では機能している」と感じていれば、監督に対して不満を持つ選手もいるでしょう。しかし、選手はここで絶対に我慢しなくてはなりません。

チームのために監督が下した決断には従わなければならないのです。それができずに監督批判をするような選手は、チームの一員とは言えません。


「チームをよくするために選手交代をした」

選手交代時に監督の頭のなかはこのことだけです。すべては、ポジティブな考えが大前提で、自分の決断に揺るぎない自信を持たなければなりません。

「この交代がきっかけで試合展開が悪くなったらどうしよう」

という、**マイナス思考で選手交代をすべきではありません**。いい監督は、自分の考えを信じて実行に移す勇気が必要です。自分が下した決断に対してすべての責任を負うという態度でなければならないのです。

「結果に対しての責任はすべて自分にある」

もし、選手交代によって流れが悪くなっても、それを選手のせいにしていては、監督としての人間的な器の小ささが浮き彫りになります。もちろん、機能しなかったのには選手たちにも原因があるかもしれませんが、「交代後に流れが悪くなってしまったが、あれは自分の責任だ」というように、全体の責任は監督がとることが大前提です。

選手交代は、チームが勝つための決断から起したアクションなのですから、どのような状況でも自信を持って堂々と行ないましょう。試合を分析し、自らの力で流れを変えることができるのは、監督だけに与えられた権限です。普段のトレーニング内容から、チーム戦術、そのほかすべてにおけるチーム内の決定権は、監督しか持っていないのです。

そのひとつに試合中の選手交代があるわけですが、自信を持って行なう選手交代は、チーム全体にその交代の意図が伝わらなければなりません。

「この交代の真意は何だろう……」

と試合中に選手たちが感じてしまったら、その交代に期待する効力が発揮されないでしょう。自信を持って選手交代するということはそういうことなのです。

常に評価する意識を持つ

「失敗は必ず振り返る」のところで、選手やチームがさらに成長するには、自分が失敗してしまった原因を追及し、繰り返さないように改善していかなければならないという話をしました。

しかし、勝った試合や成功したことについても同じように分析し、さらによい方向に持っていく努力が大切です。

物事は、常に振り返ることで次に生かすことができます。ですから、勝った時も負けた時もうまくいった時もそうでない時も、普段のトレーニングも含め、評価し改善していく意識が必要になるのです。

「今日はうまくいって試合に勝てたが、もっと楽にプレーできたのではないか」

「次の試合では左サイドをもっと使ってみてはどうか」
「チームとしても個人としても、足の速い選手への対応方法を考え直したほうがいいだろうか」

というように、常にチームや自分の感じたことを分析し、以後のトレーニングに反映させていくのです。これは当然、監督と選手の両者に対して言えることです。監督は、試合におけるチームのパフォーマンスをしっかり分析し、課題だったところをトレーニングで修正していかなければなりません。また、よかった点についても、選手たちに伝えることで、より高い意識を持たせるように働きかけましょう。

「常に自己評価の習慣をつける」

ことを心がければ、それだけ自分自身、またはチームが成長していくきっかけになります。逆に、自己評価を怠り、課題をそのままにしてしまっては、その分、自らが成長の機会を放棄していると言っても過言ではありません。

選手の立場、または監督の立場から、以下のプロセスを参考に、自分自身やチームの評価を行なってみてください。

1　事前評価

物事を実行にするにあたり、現時点での評価を行なうものです。たとえば、選手の技術やメンタル、フィジカル、性格といった部分を明確に評価することで、「何をしなければならないのか」という次の段階に進むベースを作ります。

2　定期評価

定期的に、その時点での選手やチームの状況を評価します。目指しているサッカーができているのか、また、トレーニングで浮き彫りになった課題や問題点を明らかにし、解決策を探り実行に移します。

3　最終評価

事前評価や定期評価で明らかになった課題や問題点がしっかり改善されたか評価します。また、チームが打ち出した目標が達成されたかの確認も行ないます。

このような段階を経て、選手やチームの成長をしっかりと把握するようにします。確かな進歩を押し進めるためにも、今この瞬間から自己評価をし、改善していくことを始めてみてください。こういった改善していこうとする意識の有無は、必ず積もり積もって大きな差となって表れます。

同じミスをして「あ〜、あの時と同じだ……。しっかり改善策を練っておけばよかった」となってからでは遅いのです。

これが大切な試合だったら悔やむに悔やみきれないでしょう。

自らの能力を改善していくという意味だけでなく、そういった後悔をしないためにも、自己評価から学んでいかなければならないのです。

ジンクスとは

何事にも「運」というものがあるのは否定しませんが、ジンクスはどうでしょう。よくプロ選手などが、ジンクスについて話していることがありますが、それがいい効果をもたらすことは本当にあるのでしょうか?

「ジンクスばかりを気にしてしまうと、自分自身を見失ってしまう」

と、私は考えます。確かに、気休め程度で考えるのならいいかもしれませんが、あまりにも、そういったことを気にしていると、すべての結果を自分の実力ではなく、ジンクスのせいにしてしまう恐れがあります。

気分的に縁起を担ぐのは悪くないと思いますが、それに頼ってしまっては、努力によって自分を高めようとする意識が低下し、自分から何かを成し遂げようというエネルギーがなくなってしまいます。

また、監督がジンクスを気にしすぎてしまっては、それについていく選手やチームスタッフも不安になります。それまでの努力した過程が、試合結果として現れるべきなのに、結果をジンクスのせいにしてしまっては、監督はチームから信頼を得ることはできません。

最初にも書きましたが「運」は、確かにあると思います。

しかし、運は呼び寄せなければなりません。それは選手やチームが積み上げたものに対して何か特別な力が働くのであって、何もせずに待っていて起こるものではありません。ですから、運とジンクスはまったく別物なのです。

私たちは、**勝つために時間を費やし、厳しいトレーニングを行なっています**。自分たちの力で何かをなし得るために、努力を積み重ねているのです。それを、「ジンクスだから仕方ない……」となってしまったら、努力は無意味であると言っているに等しくなってしまいます。

いい監督は、**多少の縁起を担ぐ場合もあるかもしれませんが、すべては日ごろのトレーニングの成果であると**理解していますし、それが本来あるべき姿です。ジンクスを気にしている人に「やめなさい」と言っているわけではなく、勝敗や自分のパフォーマンスとは別に考えなければならないと言っているのです。

ジンクスについては、それくらいの意識でいいのではないでしょうか。ましてや、サッカーは団体スポーツです。ひとりのジンクスによってチーム全体に影響が出ると考えるのは、いいものではありません。

ジンクスは、自分のプレーがしやすくなるための意識の問題という程度にし、プラスαの要素として考えましょう。ジンクスを気にしている人は、うまくそれと付き合っていってください。

この前
右から履いて
勝ったんだよな…
どっちでも勝てるっつーか…

ジンクスとうまく付き合うには

日本にはいろいろなジンクスを気にしたり、縁起を担ぐ習慣があります（外国でも同じような光景は多いものです）。私はそれを決して否定する考えは持っていませんが、著者の言うとおり、それにこだわりすぎては逆に怖さが沸いてくると考えています。たとえば、「前の試合でこれをしたら勝てたから、今日もそうしよう」と思うのは、気持ちを前向きにさせるのであれば悪いとは思いません。しかし、試合は相手があってのものです。ジンクスだけで勝ててしまっては、誰もが勝者になってしまいます。大切なのは、ジンクスや縁起をプラスαぐらいに考え、ピッチ内では自分が全力を尽くすことに集中すべきということです。

自分のパフォーマンス（うまく行ったこと、そうでないこと）を、すべて自分の責任であると省みる行為が大切なわけであり、ジンクスのせいにしてそれを避けていては、本末転倒になってしまいます。それをしっかり理解した上で、うまくジンクスと付き合っていけばいいでしょう。

監督は選手の鏡

監督は、選手の鏡になるような存在でなければなりません。
自分が思い描くスタイルをチームに浸透させたいのなら、選手やチームスタッフから尊敬されるような存在であるべきです。

チームは選手がいて初めて成り立ちますが、それをまとめるのは監督の仕事です。そのために監督は、自分が選手やチームスタッフにさまざまなことを要求するのですから、それを相手に納得させるだけの人格が必要になるのです。

たとえば、第1章で審判のミスジャッジについて話をしましたが、もしチーム内でもっとも審判に抗議をしているのが監督本人だったら、選手たちに示しがつきません。
日頃からからどんなに「審判の判定には抗議するな」と選手たちに言い聞かせていた

ところで、それを監督本人がしっかり守らなければ逆に信頼を失っていく恐れがあるのです。

「監督は言っていることとやっていることがいつも違う」

リーダーである監督がこのように思われてしまったら、チームがどうなってしまうかは想像するのは難くないでしょう。たとえば、チームを作る上で戦術を浸透させなければならない状況でも、監督に対して信頼感がなければ、選手たちは「彼の言う通りに動いていいのか」という疑問を抱くのではないでしょうか。

監督には、自分の理想とするサッカーがあります。日々、選手たちの能力を向上させながら、目指すサッカーに近づこうとしています。しかし、監督の理想とするサッカーを浸透させるには、選手からの絶対的な信頼が不可欠なのです。

そのためには、**すべての言動や行動において選手たちの模範となり、鏡になるような振る舞いをしなくてはなりません。**

多くの監督は、自分の目指すサッカーに必要だと思っているトレーニングをひたすら行ないますが、チームを作り上げるにはそれだけでは充分と言えません。目指すサッカーがうまく浸透していないと感じた時に、選手たちの表情から「自分の立ち振る舞い」や「自分の伝え方」に問題があるかもしれないと考えることが大切です。監督は、**すべての人から見られている存在だということを意識**してください。

選手やチームスタッフのいい鏡になれるように、監督も努力する必要があるのです。子供が親の姿を見て育ち、人間的に成長していくのと同じく、選手たちも一番近い存在の監督を見て、選手として成長していきます。

とくに育成年代の場合は、監督は学校の先生のような存在ですので、その影響力は相当なものがあるでしょう。

単に「サッカーを教える」コーチというだけでなく、「人間的な教育をする」教育者という意識を持って、子供たちに接していってください。

グループワークの有効性を知る

みなさんは「グループワーク」というものをご存知ですか。

これは、スポーツに当てはめて説明すると、たとえば選手に対してある言葉を題材として提示します。そして、その言葉に対してどのようなイメージを抱いているのかを、選手一人ひとりに書かせます。それを集計し発表することで、それぞれの選手が、その言葉に対してどのようなイメージを抱いているのかを全員で共有するのです。これは、監督がチームの意思統一を図る上で有効な方法のひとつです。

それでは、この作業がどういったものなのか、具体的な例を出して説明しましょう。

私は2004年12月に、翌年の3月に控えたボリビアとのワールドカップ予選に向け、前アルゼンチン代表監督のペケルマンに相談を受けました。

この戦いは、ボリビアの首都パラスで行なわれることになっていました。完全なアウェーであることはもちろん、その立地条件が最大の問題でした。ラパスは標高3800mの高地に位置し、他国の選手がここでスポーツをすることは、非常に大きなハンデになります。歩くだけでも息が切れる環境ですから、アウェーのチームにとっては過酷な場所なのです。ですので、相手チームを警戒することは当然として、高地対策をどうするのかが、常にこの国で試合をする際の課題になるのです。

実際、南米のほかの国がラパスで試合をする時も、同じような問題を抱えます。どの国もラパスでの試合に苦手意識を持っていて、アルゼンチンも31年間、ラパスで勝利したことがありませんでした。

そこで、ペケルマンは私にグループワークを用いることで選手たちのモチベーションをプラス思考に持っていくことを考えたのです。

ペケルマンは、アルゼンチンがチームの総合力でボリビアを上回っていることを確信していました。そして、戦うのは標高ではなくボリビアであることも充分理解していました。つまり、高地に対してのネガティブなイメージをどう払拭するかを考えたのです。

「ラパスでの試合」

この言葉を各選手に一言で表現させることにしました。主な回答は次の通りです。

「息苦しい」

「すぐ疲れる」

「強い気持ちが必要」

「何も考えない」

「相手も11人」

「アルゼンチンのほうが強い」

ポジティブなもの、そしてネガティブなものと両方ありましたが、こうすることで、選手たちの間で「ラパスで試合をすること」のイメージを共有したのです。

ネガティブな意識しかなかった選手の場合は、「自分ひとりだけがそう思っていたわけではないんだ」と、気分的に楽になることができ、ポジティブな意識を持って臨もうとしていた選手は、同じように考えている選手の存在が、さらに自分をポジティブにさせました。

グループワークの狙いは、**全員で不安要素を洗い出すことで、それを解消していくことがひとつ。そしてもうひとつは、ポジティブな考えを共通認識として持つことで、プラス思考をチーム全体にしっかりと植え付ける**ことです。

「戦うのは高所ではないボリビアだ。そして、アルゼンチンはボリビアよりも間違いなく強い！」

という思考がチーム全員に浸透したチームは、31年ぶりにラパスで勝利したのでした。

チームにあるネガティブな考えを膿《うみ》として出し、同時にポジティブな考えをチーム全体に浸透させることで、チーム全体に共通認識が生まれ、モチベーションを高めることができたのです。

指導者は選手一人ひとりをしっかりとケアする

前アルゼンチン代表のペケルマン監督は、非常に人望が厚く、選手からもとても尊敬されていました。その理由は、チームのリーダーとしての資質が備わっていたからです。彼はとくに人間関係を構築する能力に秀でていました。才能というよりは、彼が心底人に対して思いやりのある人間だったと言ったほうが正しいのかもしれません。

つまり、彼は**選手一人ひとりをとても大事に扱う**のです。

大会の規約として、ワールドカップに出場できる代表選手は、どの国も23名と決まっています。多くのサッカー選手は、子供のころからの夢としてワールドカップに出場することを掲げています。本大会に出場するためには、チームは長い予選を勝ち抜かなければならないわけですが、予選には招集されても、最終的に本戦のメンバーに入らない選手も多々いるわけです。加えて、ワールドカップは4年に一度の貴重な大会ですから、一度出場機会を逃せば新たに4年待たなければなりません。まさにサッカー人生をかけた大イベントなのです。

しかし、どんなに才能が拮抗している選手がたくさんいても、代表の席は23しかありません。

すべては競争の世界ですから、ボーダーラインで選ばれる選手もいれば、逆に漏れてしまう選手もいます。また、才能がありながらも監督の好みで選ばれない選手もたくさんいます。そんな監督にとって、代表のメンバーを選ぶ作業というのは何よりも辛いものであるのは想像に難くありません。

ペケルマンは、06年のドイツワールドカップの代表選手を決めた際に、残念ながら代表から落選した選手一人ひとりに直接連絡しました。国内リーグでプレーしている選手には直接会い、海外でプレーしている選手には電話でその旨を伝えたのです。

本来であれば、代表監督にここまでする義務はありません。しかし、ペケルマンはこの行為を当然だととらえ、落選した選手たちにしっかり対応しました。

こうした彼の性格が、多くの選手たちと揺るぎない信頼関係を作っているのです。

ペケルマンは、代表に選んだ選手たちよりも、落選した選手たちにより多くの気を遣いました。人生をかけた大会に出場できるかどうかの瀬戸際で、チャンスを与えることができなかったのですから、彼らの心は非常に傷ついているわけです。代表メンバーを決定した責任はペケルマンにあり、彼はその責任を理解し、選ばれなかったメンバーに声をかけたのでした。

私は、ペケルマンのやった行為は、レベルに関係なく、子どもたちに対してもやるべきことだと思います。先にも述べたように、子供たちの心は傷つきやすいのですから、彼らにとって大きな大会やイベント時に同じようなことがあれば、**必ずアフターケアをして、次のチャンスがあることを説かなくてはなりません**。

選手からの信頼とは、こうした誠心誠意の対応を積み重ねること以外に作り上げることはできないのではないでしょうか。

一度はチャンスをつかめなかった選手たちのモチベーションを維持させ、今後どのように成長させていくか。技術や戦術を教える以外に、指導者には、こういった大切な作業があるのです。

読者のみなさんのなかには、現在指導者の方や、または指導者を目指している方がいらっしゃると思います。ぜひ現場でのコーチングのノウハウ以外に、人の心をケアする勉強にも精を出してください。

指導は、結局は人と人とのコミュニケーションです。チームをひとつにまとめ上げていくためには、こうした分野での知識や経験が必ず必要になってきます。

すべての人に対するケア

スポーツの監督にとって一番難しい問題は、試合に出られない選手たちのケアといっても過言ではありません。試合は限られた人数でしか行なうことができません。ですから、チームにはレギュラーとそうでない選手が存在することになります。監督が気を付けなければならないのは、サブのメンバーのモチベーションをどうするかです。誰かひとりでもモチベーションが下がれば、チームとしてのベクトルがズレる可能性があります。

これは、会社の組織や仕事でも充分にありえることだと言えます。たとえば、自分が選ばれると期待していたプロジェクトから外された人がいるとします。そんな時は、リーダーがしっかりと本人にその理由を伝え理解してもらい、次の機会に頑張るように気持ちを整理させることが必要です。

競争であり、切磋琢磨していく仕事のなかで、誰かがポジションを失うことは仕方がないことです。それは、チームをより強固にするために必要なことです。しかし、チーム全員に対してしっかりとメンタルのケアをすることを忘れてはいけません。

とくに、サブのメンバーのモチベーションも高く維持したいものです。すべての人間が高いモチベーションを持つことが、組織の本当の力になるからです。

第3章

グループとチームの違いを知る

サッカーのように、大人数でやるスポーツは団結力が不可欠です。強い団結力を生み出すためには、困難を乗り越え選手同士でチームとしての共通認識を持てるようになることが大切です。しっかりとまとまり、チームとして揺るぎない団結力のもと「勝つ」という目標に向かってプレーすることができれば、いい結果を求めることができるはずです。

いいチームになるためには、あえて困難に立ち向かう姿勢を持ちたいものです。その先には、必ずチームだけでなく自分が成長できる何かが待っているはずです。

団結力がチームのパフォーマンスを高める

サッカーをはじめ、**チームスポーツというものは、いい選手が揃っているだけでは勝つことはできません。**それぞれの選手のパフォーマンスが高くても、まとまりに欠けていれば、選手のよさが生かされないからです。

逆に、リーダーを中心に選手同士がまとまっていて、それぞれの役割をしっかり認識していれば、連動性のあるプレーを導くことが可能になるでしょう。もし、**相手より個々のレベルが低い場合、勝利を呼び込む可能性を上げるには団結力が不可欠に**なります。

私はあえて言うならば、グループはただ個人が集まっているだけの集合体のことを呼び、チームというものは強固な団結力があるグループを指すと考えています。

団結力は、選手同士が共通認識のもと、それぞれが持ち前のパフォーマンスを発揮する

ことで、チームとして人数以上のパフォーマンスを導き出すことです。団結力が導き出したプレーは、時に見る側を圧倒し感動さえ呼び起こします。

「リズムよくパスが通り、流れを崩すことなくゴールを決める」といった連動性のあるチームプレーは、まさに団結力のなせる技だと言えます。

団結力が生み出すプレーは、個人競技にはないチームスポーツの醍醐味であり、多くの人々に魅力的なものとして映るのではないでしょうか。

強いチームや質の高いプレーをするチームを作るためには、選手同士がコミュニケーションをしっかりと図り、団結力を生み出す土壌を作り上げることが大切です。

言ってみれば、団結力は、強いチームの力の源なのです。

衝突や困難を乗り越えてこそいいチームになる

団結力のあるチームは、リーダーを中心に、統制がとれた連動性のあるプレーができます。これは、見る人にとって非常に魅力的に映るものですが、この連動性を生み出すことは容易なことではありません。

とくに、サッカーは11人という大人数で行なうスポーツです。それぞれの選手の特徴やプレースタイル、身体的な要素まですべてが異なっています。要は、まったく特徴の違う人間を、ひとつの目的に向かわせる共通認識を持たせることが、団結力を生み出すのです。ひとりでもその意識が低い選手がいれば、チームとしての機能はおぼつかなくなります。

当然ですが、人間は誰もがそれぞれの環境のもとでいろいろな経験をしながら成長していきます。当然、環境の違いにより価値観も異なります。たとえ、同じような体験をしたとしても育った環境が違えば、それについての考え方、とらえ方は千差万別です。これは、サッカーにおいても同じことです。選手ごとのサッカー観があり、好むプレースタイルもあります。**まったく同じ考えの選手というのは存在しない**のです。

たとえば、とても才能のある選手がふたりいたとします。ひとりは、超攻撃型のプレースタイルを好み、もうひとりは守備を重視したカウンター狙いのスタイルを好んでいます。このようにチーム戦術の考えが正反対の選手たちがチームにいた場合、もし彼らが自分の好き勝手にプレーし始めたらどうなってしまうでしょうか。

個人の才能としては、お互いに高いレベルであっても、本当に彼らの力が発揮されるのは、「チームのために役に立ちたい」と理解している時だけです。そういった考えがなければ、団結力によるチームプレーは決して生まれることはないのです。

選手一人ひとりの才能を最大限に生かし、チームとして高いパフォーマンスを導くためには、優れたリーダーのもとそれぞれが「チームとして何をしなければならないか」を理解しなければなりません。

チームには強い個性を持った選手がたくさん集まっているわけですから、彼らの考えは当然ぶつかり合うことがあります。それをどうまとめていくかがリーダーの課題になります。

また、チームは個の集団ですから、それぞれが考え方をぶつけ合うことはいいことです。まったく論じ合うこともなく、「自分は何でもいい」という考えの選手には、試合で個性を発揮するプレーを求めることはできません。建設的な話し合いをした上で、「チームとしてどのようにしていくべきなのか」という共通理解を、チームの全員が持つことができます。そこに信頼関係が生まれ、団結力が備わってくるのです。

こういったチーム内における、**ポジティブな衝突や困難を乗り越えようとする姿勢は、チームが強くなる上で避けて通ることはできません**。逆に自分の意見を戦わせず、他人任せの選手が多いチームには団結力は生まれにくいでしょう。

ズドーン!!
障害の壁
さらなるレベルアップ
決定力を上げる
ディフェンスの強化
中盤のバランス
この壁を乗り越えることでさらに強くなれるんだ！
今回の壁は高いねぇ～
KABASAKI 1
NAKAGURA 10
NAGATA 7

すべてはチームのために

選手一人ひとりがそれぞれの役割を理解し、共通の目標に向かう。こういう時は、チームがしっかり機能し、得てして、想像している以上の力が働くことがあります。そして、こうした話はスポーツの世界ではめずらしくありません。

チームの存在は、どんなに才能のある選手よりも優先されなければなりません。

スポーツ選手に限らず、どんな人にも必ずエゴイスティックな部分があります。サッカー選手であれば「自分はうまい」「自分はこうしたプレーがしたい」という思いがあるはずです。これは決しておかしな考えではなく、逆に自然な感情です。大切なのは、「自分の特徴をどうチームに生かすか」ということを考えながら、チームの優先事項と照らし合わせることです（もちろん、時にはチームのルールを破って勝負に行かなければならない状況もあります）。自分のエゴが、チームにマイナスになるようでは本末転倒です。

選手は自分の能力をチームのために生かさなければなりません。そのために、まずはチームの戦術や監督の求めていることをしっかりと理解する必要があります。つまり「自分がどうチームに貢献できるか」ということです。個人競技でないスポーツでは、選手は「チームのために自分は何ができるのか」を常に頭に入れておかなければならないのです。

チームが機能するためには、目標への意思統一が不可欠であることは、これまで伝えた通りです。その**意思統一とは、目標に向かって「自分がどうチームに貢献できるか」「チームとしてどうあるべきか」を理解すること**です。

代表チームを例にとれば、選手を選考する際に、誰もが「あの選手は代表でプレーすべきだ」と思っている選手が選出されないことがあります。その理由には、監督が目指すサッカーのスタイルにフィットしないということもありますが、実際は、その選手のエゴの問題もあるのです。「チームのために」という意識が低い選手はどんなに能力が高くても代表には選ばれません。

国の威信をかけて戦う代表チームの選手になるには、何よりもチームのために戦うという気持ちが大切で、それができない選手は、代表のユニフォームを着る資格はないのです。

多くの監督は「うまいだけではダメ。チームのためにプレーできるかが重要だ」と言います。

私が2000年にアルゼンチンU―20代表のスタッフになった時、当時の監督だったペケルマンは選手一人ひとりにこう言いました。

「**君の成功は、わたしたちみんなの成功だ**」

これは、「チームとしての結果が最優先で、そのために君の力が必要だ」ということを湾曲して伝えた言葉です。決して命令口調ではなく、選手の気持ちを奮い立たせるような伝え方がポイントです。

強いチームとは、各ポジションにレベルが拮抗した選手たちの競争があり、お互いが切磋琢磨して成長していける環境があります。これが結果的にチーム全体の底上げにつながるのです。こうしたレギュラーやサブといった垣根を越えたチームの力は試合中に必ず表れます。「誰が試合に出ても強い気持ちで戦える」というチームこそ、監督が目指す理想のチームであるはずです。

繰り返しますが、強烈な個をまとめるのは簡単なことではありません。しかし、そういった**個性的な集団が、「チームの勝利のために」という気持ちでプレーに徹することができれば、チームの完成度は正比例して上がる**でしょう。チーム全員が同じベクトルをもち、それをどれだけ大きくできるかが、チーム力というわけです。

topics 4

犬猿の仲でもチームである以上……

アルゼンチンのプロチーム、ベレス・サルスフィルドには以前、パラグアイ人の名ゴールキーパーであるホセ・ルイス・チラベルトとアルゼンチン人のDF、ロベルト・ルイス・トロッタが所属していました。彼らはもともと性格が生理的に合わず、度々考えの面で衝突することがありました。俗にいう犬猿の仲だったのです。

しかし、彼らにチームを勝利へと導く団結力がなかったかというと、決してそんなことはありません。試合中はチームのために自分の役割を果たそうと一生懸命プレーに徹していました。こうした姿勢は、一度も揺るぐことはありませんでした。

そして、1994年に行なわれたトヨタカップでは、ACミランを破りクラブチーム世界一に輝いたのです。この結果を見てもお分かりの通り、ピッチ上では彼らがいかに個人的な感情を抑えチームの勝利を優先していたかを伺い知ることができます。そして、大舞台で名門クラブを下しての勝利は、彼らの団結力がいかに強かったかも理解できるでしょう。彼らは、本物のプロサッカー選手だったということです。

第4章

ケガとメンタルの密接な関係

ケガというものは、なるべくならしたくありませんが、ボディーコンタクトが当たり前のサッカーでは、どうしてもそれはつきものです。

そうなると、なおさらケガに対してのケアは大切になります。ケガそのものに対する患部の治療も大事になりますが、ケガの症状によっては、心のケアも必要になります。

ケガの治療は、心のケアをしっかりすることで、早く治癒することもあるのです。

ここでは、ケガとメンタルケアの関係について紹介しましょう。

なぜ、人はケガをするのか？

スポーツをする以上、ケガの存在を切り離すことはできません。身体を動かし、時には人と人とがぶつかり合うスポーツは、常にケガと隣り合わせにあります。そして、スポーツを仕事としている人間は、対戦相手だけでなくケガとも戦わなくてはなりません。

アスリートにとって、ケガほど怖いものはありません。どれだけ才能があって活躍していても、一回の大ケガによって、その地位を簡単に失ってしまうことはよくあります。復帰のめどが立たなかったり、復帰してもまたケガを繰り返してしまえば、最悪の場合は、引退を余儀なくされることもあるのです。

事実、多くのスポーツ選手が年齢的な限界に達する前に、度重なるケガによって選手を辞めざるを得ないケースは日常茶飯事です。テレビを見ていてもわかるように、ケガによる引退を理由とする選手の数が圧倒的に多いのです。

スポーツ選手としてすべてが満たされ、満足して引退する人のほうが断然少ないはずです。

みなさんの周りにも、プロアマ問わずヒザや足首のケガが原因でサッカーを断念した人が少なからずいるのではないでしょうか。

それでは、ケガはどのような原因で起こるのでしょう。

ケガは、そのほとんどが偶発的なものと考えられがちですが、そうでないものもたくさんあります。明らかに、**選手の危機管理の欠如などがケガを引き起こすことも多々あるということです。**

そのほかに、地域の少年サッカーなどでは、ピッチの安全管理などができていないためにケガが起こってしまうこともあります。

以下に、ケガをしやすい条件や要因を、いくつか挙げてみましょう。

【ケガをしやすい条件】

1　過去にケガをしたことによるトラウマがある
2　フィジカル面での不備（トレーニング不足）
3　不摂生な食生活
4　モチベーションの低下
5　私生活の問題
6　勝利至上主義の押しつけ

これらは主な数例に過ぎませんので、もちろんほかにもケガをしやすい条件はたくさんあります。こういった条件に当てはまる人は、単にケガをしやすいだけでなく、ケガの後の回復やリハビリにも予想以上に時間がかかることが予想されます。

一般的に、プロスポーツで結果が求められるのは理にかなっています。職業としている以上、結果が出なければ評価されないからです。

それでは、子供たちにとってはどうでしょう。スポーツが教育の一環として取り入れられている大きな理由は、人間形成に有益だからです。

しかし、現在はアマチュアであっても結果が求められるようになり、勝利至上主義が幅を利かせ始めています。勝利だけを目的とすれば、子供たちには無理な要求が課せられケガを負う確率も高くなります。

ケガをしやすい条件を意識すれば、ケガを回避できる確率は上がります。

またケガをする理由には、集中力の欠如やメンタルの低下などもありますが、そういった心の問題や環境的なものには、早めに指導者が気付いてあげるなりして回避していくのが理想です。ケガからの復帰のためにリハビリを行なっている選手にも、同様の対応を心がけましょう。

日頃からの予防と、再発防止を心がける

「心理的なアプローチがケガの予防につながる」

この定義に対しての科学的根拠はありませんが、**心理的なアプローチによって選手たちの精神衛生状態を整える**ことはできます。結果的に、それが選手たちがプレーに集中できる環境を作り、ケガをする確率を下げる要因になるのです。

しかし、ケガ防止におけるメンタル面でのケアが有効なのはフィジカルコンディションが整っていることが大前提になります。日頃のトレーニングでコンディションを維持し、身体を動かす前のウォームアップをしっかり行なうといったことです。メンタルを充実させるには、現場で戦えるフィジカルの準備が必要なのです。

スポーツ選手は、レベルに関係なくケガに対してある程度恐怖心を抱いています。これがプロであれば、選手生命にも関わってきますからなおさらです。

どんなにメンタルが強いと言われる選手でも、常に平常心を保ちながらプレーができるわけではありません。たとえば、私生活での出来事など直接サッカーに関係ないことが、モチベーションに影響します。こういう時は、集中力が散漫になり普段よりもケガをする確率が高くなります。

また、ケガからのリハビリにある選手も、心に不安を感じている場合がほとんどです。

「順調に回復しているのか」
「復帰しても、またすぐ同じ場所をケガしないか」

こういった不安は、ほぼすべてのリハビリをしている選手に共通しています。

この状況で、監督や親ができることは、言葉や行動でその選手を見守ることにつきます。彼らは、早く復帰するために心に焦りを感じているはずですから、そのようなはやる気持ちをリラックスさせなければなりません。

もし何かしらの原因で集中力が散漫になっている選手がいたら、さりげなくその問題を聞き出すような話し方をしてみてください。この時に気をつけることは、その手段です。必ず、それぞれの選手に適したやり方で行なうのを忘れないでください。

また、**リハビリを行なっている選手には、復帰に焦る気持ちを落ち着かせ、しっかりリハビリをするように説かなければなりません**。焦りは、逆に回復を遅らせたり、再発の原因になることを言い聞かせ、精神的に安心できるような言葉をかけましょう。

心が安定すれば、人間はすべてをポジティブに考えられます。スポーツ選手であれば、心の安定が高いパフォーマンスをもたらし、リハビリ中であれば、その期間（リハビリ自体）を自分が成長する上で、かけがえのないものととらえるプラス思考ができます。

ケガの予防、そしてリハビリには心の充実がひとつの大きなポイントになります。不安要素を取り除き、しっかりと目の前にある現実と向き合うことが大切なのです。ですから、指導者はケガに関する面から見ても、選手のメンタルの充実がどれだけ重要かを

ケガの予防のために必要なもの

- □フィジカル面での充実
- □ピッチ状態の把握
- □充分なウォーミングアップ
- □バンテージ、スネ当ての着用
- □足にあったスパイクの着用
- □自分を信じること
- □興奮しすぎない
- □ボールを怖がらない
- □栄養バランスが考慮された食事
- □ビタミンを採る
- □充分な休息を確保する
- □無理をしない

理解しなければなりません。

つまり、選手たちを観察し、「ケガに結びつきそうな精神状態ではないか」、また「ケガを早く治そうと焦っていないか」という気持ちになっていないか、常に注意を払わなければなりません。

こういった監督によるメンタルのケアは、最終的には選手たちからの信頼となって返ってきます。みなさんがこういったケアまでできているか、一度確認してみてください。

リハビリは心のサポートが大事

「早く直すことができるだろうか」

「このリハビリはいつまでかかるだろう」

ケガをしたことで、選手が乗り越えなくてはならないものにリハビリがあります。リハビリの長さや内容は、ケガの症状によってさまざまですが、もちろん症状が重ければ重いほど一般的にその期間は長くなります。

ケガの痛みを和らげ、元の状態に戻すことがリハビリの目的ですが、そこで**もっともエネルギーを費やし、選手に求められることは、精神に強くなければならないということ**です。

ケガやリハビリに対してどう向き合っていくか。これをポジティブにとらえるには強いメンタルが必要なのです。

気持ちが落ち込んでいる時には、心をケアする周りのサポートが大切です。選手はケガに対して、いつ完治するのかわからない不安をひとりで抱えています。そうした不安を前向きなものにするためにも、周囲のサポートが勇気を与えるのです。

サポートの目的は、ケガについていつまでも悲観的にならず、現実を受け止めた上で、それをポジティブに考えていくことです。**リハビリという特別な時間をムダにせず、人生の貴重な経験と考える**ことができれば、ケガに対してもポジティブなイメージで乗り越えることができるでしょう。

ケガからの復帰にはふたつの要素があります。ひとつは「ケガの完治」、そしてもうひとつが「心の完治」です。小さいケガの場合はさほど気になりませんが、大きなケガからの復帰の場合は、「再発してしまったら……」という不安が頭に残るものです。

小さなケガからの回復であれば、こうした再発についてはそれほど気にしないかもしれません。確かに、完治する前にプレーを始めれば悪化させる可能性がありますが、復帰するにあたって精神的に追い詰められた状態ではないはずです。一方で、長期のケガから復帰する選手の場合は、ピッチに戻れる期待とさまざまな不安を抱いているものなのです。

ケガから復帰したばかりの選手は、ケガが再発しないかを気にします。そして、「以前のようなパフォーマンスが確実に発揮できるのか」「レギュラーに戻れるか」といった不安が頭を支配するのです。ケガそのものは完治していても、心のどこかで自分にブレーキをかけてしまいがちになります。

こういった時には、監督をはじめとするスタッフとのコミュニケーションが絶対に不可欠です。選手は監督からの評価をもっとも気にしているわけですから、その監督自らが選手と話す機会を持つことで、選手の不安な気持ちを受け止めるのです。一番いけないのは、復帰を急かす言動や、復帰してもポジションはないというような、本人に対してネガティブな発言をすることです。

リハビリ期間中には、「お前を気にかけているよ」という意思表示のためにも、でき

効果的なリハビリのために必要な要素

- □医師の適切な診断
- □メンタル面のサポート
- □医師や運動療法士、フィジカルトレーナー、スポーツ心理学者らが、各自責任をもってリハビリを行なう
- □スタッフ以外の周りのサポート
- □選手がケガを理解する
- □不安を取り除く
- □リハビリによりモチベーションを高める
- □目標を設定する
- □毎日の生活のなかで役割を与える
- □復帰のための精神的な準備
- □リラックスし、復帰後のイメージを膨らます

るだけ多く連絡をとって近況を聞きだしましょう。少しでも選手が抱える不安を和らげることで、気持ちを楽にさせリハビリに対してポジティブになれるように導くのです。こうすることで、心の完治に効果的な威力を発揮します。

これも監督のマネージメント力の大事な要素です。

ケガをしやすい人には特徴がある

「人間は、大きくふたつの特徴にわけることができる」と、スペインのムルシア大学のアウレリオ・サフラ氏は言っています。

それは、生理学的な特徴（形態学、身体的な特徴など）と心理的な特徴（個性や順応性、性格など）です。

スポーツ選手はこのふたつの特徴によって、少なからずケガをしやすい選手とそうでない選手にわけられると言われています。この分野の研究で興味深いのは、1988年にアンデルセンとウィリアムスという心理学者が発表した、ストレスとケガの関係を記した理論的モデルです。

この研究では、スポーツにおけるケガとメンタルの関連性や相互関係について述べられているのですが、さまざまな精神状態をもとに、ケガとの関係を探っています。

彼らの研究では、ケガの予防やケガの確率を限りなく低くするためには、「どういった要素がケガを起こしやすいのか」というさまざまな要因を理解し、常に頭に入れておくことが大切だと言っています。そのなかのひとつに、普段とは違う様子があります。

普段の生活で言えば、**私生活で人が普段あまり見せないような感情をあらわにした時**（普段怒らない人が急に怒ったり、泣かない人が泣いたりということ）**や、いつもとは違った行動が見られた時**などは、その人は精神的に何か問題を抱えているかもしれないと考えたほうがいいでしょう。

スポーツ選手も同様に、普段とは違う感情や行動が顕著に見られたとしたら、それはある種のサインだと考えられます。**精神的に不安定であれば、集中力を欠き練習中にケガをする**恐れが高まります。

これを頭に入れておけば、ケガの予防やリハビリを行なう際に、医学的な分野からだけではなく、心理学の面からアプローチすることも可能になります。

優秀な医師たちで構成されているアルゼンチン・スポーツ外傷協会は、激しいコンタクトがないスポーツの場合に起こるケガに対して、決定的な原因を特定できずにやや頭を悩ませている感があります。

我々スポーツ心理学者の考えでは、そこが、スポーツ心理学的な貢献ができる分野だと考えています。つまり、メンタル的な要素が原因で、ケガが起こりうるということです。みなさんにも、ケガの原因のひとつとして、メンタルというものがあるということを認識していただければと思います。

ケガの予防にも、またはケガをしてしまった後のリハビリにも、メンタルのケアは、その選手に対してプラスの成果をもたらせてくれるはずです。このような知識を持ち、実践で生かしていければ、指導者としての幅を広げることができるのではないでしょうか。

なんでアイツなんだ…
私●●君を応援しよう!
グキ
ズデーン

なぜ、ドーピングをするのか

ドーピングとは、**不正に薬物を投与し、試合や競技に勝利しようとする行為**です。**スポーツ界は、常にこのドーピングと戦ってきた**と言っても過言ではありません。いくら規制をしてもその手法がさらに巧妙になっているので、最新鋭の機械にかけて検査しても、発見できない場合が少なくないのです。

筋肉増強剤やスタミナを持続させるために薬を使用するわけですが、こうした不正行為をしてまで勝利に執着する姿勢はどこから来るのでしょうか。

そのもっともたる理由は、近年、アマチュアも含め、スポーツというものがよりビジネスと密接な関係にあり、すべてにおいて勝利が求められているからです。

本来であれば、**スポーツは極限までに鍛え上げた肉体のみを使って相手と競い、自己**

の可能性を追求していくものです。そういった姿にスポーツの美しさがあるはずです。

しかし、ビジネスが絡むことで、正々堂々と競い合うスポーツから、勝つための手段を選ばないものへと変貌してきました。勝利による金銭的な欲望や名声を手に入れることだけに目がくらみ、薬物によってパフォーマンスを引き出す行為に走る選手が増えているのです。**薬に頼ることは、欲望に屈したということですから、結局はメンタルが弱いということ**になります。

スポーツ選手の誇りはどこへいったのでしょう。

不正行為をしたことで手にした勝利に何の価値があるのでしょう。

ドーピング問題について、みなさんはどう思われますか？

現代スポーツにおける勝利至上主義の流れを止めることは難しいのが現状ですが、それでも正しい勝負へのこだわりを持たなければなりません。

薬に頼らない方が勝ったときの喜びは格別だよ
パタパタ
簡単に体力がついたりするよ…
ヒヒヒッ

絶対に勝つという保証はない

ドーピングは、**ルールを逸脱し手段を選ばずに勝利を目指す行為**です。基本的には、本人の心の弱さから、ドーピングを行なってしまうわけですから、スポーツマン精神に反する悲しい現実だと思います。

現在、サッカーだけに限らず、**多くのスポーツが勝利至上主義に蝕まれつつあります**。勝利へのプロセスの大切さが薄れていき、極端に言えば、勝てば何でもありというような文化さえ生まれつつあります。真のスポーツとは何か、という意識が揺らいでいるのです。

２００６年のドイツワールドカップで、アルゼンチンは開催国であるドイツ相手に準々決勝で敗れました。最後はＰＫ戦だったのですが、90分の試合では無敗で大会を去りました。負けたことは残念ですし、国民も結果に対しては落胆しましたが、アルゼンチン代表が大会を通じて見せたサッカーは、間違いなく人々を魅了するものでした。アルゼンチンはサッカーの国ですから、ファンの目は肥えています。勝敗にはもちろん、内容にも評価が厳しい国民でありながら、ドイツから帰国したこのチームに対しては、惜しみない賞賛を送りました。

結果は出ませんでしたが、アルゼンチンの戦いぶりに感動した人は世界中にいたはずです。

サッカーだけでなく、**スポーツには勝敗以外にも素晴らしい要素がたくさんあります。**テクニックやコンビネーションプレー、そして、最後まで試合をあきらめない姿勢などです。それを、どれだけファンが感じ取ることができるかが、本来の評価であるべきです。

見る側も、勝敗結果だけでなく、わくわくするプレーや感動するプレーを期待してスポーツを見ているはずです。

スポーツのよさは、人々の心に夢を与えることです。頑張っている人の姿を見て「よし、自分もがんばるぞ！」と感化されるのです。

そして、ドーピングは、そうした人々の思いを欺く行為です。

現在のスポーツ界は、勝利至上主義が猛威をふるい、勝つことのみが最大の評価となる世界になってしまいました。そのため、選手にはこれまでにないプレッシャーがかかり、精神的に耐えられなくなった人が、結果的に薬物を使用してしまうのです。そして、ドーピングの結果として得られるのは偽りの結果だけなのです。

現に、アマチュアスポーツ最大の祭典であるオリンピックですら、回を重ねるごとにビジネス色が強まり、ほぼすべての大会でドーピングによる失格選手が出ます。この現状は、スポーツマンシップを大きく逸脱してしまっているのです。

冷静に考えてみてください。

ドーピングは、必ずしも勝利を保証してくれるものではありません。

確かに、筋肉を増強させせスタミナをより長く持続させることは可能かもしれませんが、それが直接勝利へとつながるとは限りません。

仮に、もし勝利することができたとしても、そこには「不正して勝利を手にした」という思いが一生つきまとうはずです。ドーピングで勝利することで、その時は心が高ぶっていますから、嬉しさが込み上げてくるでしょう。しかし、のちに、我に返れば後悔の念しかないはずです。一生、その思いに苦しむのなら、正々堂々と勝負をしたほうが、気が晴れるはずです。

勝利を要求されないところにドーピングは存在しません。要は、勝利至上主義の現代スポーツの犠牲者とも考えられますが、最終的な責任は、スポーツマンシップを忘れてしまった本人にあります。

そうした衝動に負けず、「何のためのスポーツか」という意識をもたなければなりません。真のアスリートは、そういう面でも強いメンタルが必要なのです。

大切なのはメンタルの強さ

スポーツをする上で、**不正に頼ることのない強いメンタルを持つことが、アスリートのあるべき姿**だと考えます。

最終的に試合を決定づけるものは、本人の能力であり精神的な強さで、これ以上でもこれ以下でもありません。それを忘れてしまっては、スポーツ選手であることを自分から放棄するようなものです。

サッカーをはじめ、スポーツにはさまざまな局面でプレッシャーにさらされます。この本の冒頭でも書きましたが、ピッチ上だけでなく普段の生活においても何かしらのプレッシャーを受けているものなのです。しかし、これは選手だけでなく、人間としてもそうなのですが、現在の自分からさらに成長するには、こういった逆境に打ち勝ち、前進していかなくてはなりません。

ここに、私が思うアスリートが理解すべきスポーツの精神があります。これを頭に入れていただければ、真のスポーツマンシップを持ったアスリートに近づけるのではないかと思っています。

【スポーツ選手が理解すべき精神】

1 ルールに則った精神
2 結果以上に、競技から得られる価値を理解する精神
3 トレーニングから得た自信や、普段の努力で正々堂々と戦う精神
4 相手を敵と思うのではなく、競技相手として考える精神
5 勝ち方を知る（勝った後の振る舞いを知る）
6 負け方を知る（負けた後の振る舞いを知る）
7 競技に関わるすべての人に敬意を払い、経験を共有する精神

スポーツであれ仕事であれ、物事の本質を見抜き精進することで人間は磨かれていきます。

スポーツでは、ルールを破れば反則になり、何らかの罰則が与えられます。そして、ドーピングなどで、**自分だけでなく、それに関わる人間を裏切る行為をすれば、アスリートとして失格**になります。大切なのは、これまでも述べてきたように、スポーツの本来の意味を理解することです。

試合に臨む時には、自分が積み上げてきた心技体で戦わなければなりません。それを思う存分発揮するためには、心の部分であるメンタルの充実が不可欠です。強い気持ちを持って、堂々とプレーするように心がけたいものです。

選手の人生を考えて決断する

ケガを負った選手が、リハビリを終えて復帰する際に、指導者が一番気をつけなければならないのは、選手のモチベーションです。

もちろん、復帰するためにはケガの回復が100％であり、試合で戦えるフィジカルコンディションを取り戻したということが大前提になります。この時の選手の心境は、「やっと復帰できるぞ！」というポジティブなものと、「また同じケガをしてしまったらどうしよう」というネガティブなものの両方が入り混じっているものです。本人が「問題なくプレーできます！」といっても、監督はその選手の使い方には細心の注意を払わなければなりません。とくにその選手がチームの中心で、勝つために必要な場合であればあるほど、それを意識してください。

「もし、自分がこの試合で無理に彼を使ってまたケガをさせたら、この選手の選手生命はどうなってしまうのか？」

監督は、目先の小さな勝利よりも、その選手の以後の人生を考えて決断しなくてはならないのです。これも、「勝ちたい」という自分の欲求に打ち勝つメンタルの強さと言えるのではないでしょうか。

第5章

親が子供に与える影響を考える

子供にとって親の応援は、とてもありがたいものです。

親の期待というものは子供たちをとても勇気づけるものですが、これは度が行き過ぎてしまうと、逆にストレスになる場合もあります。親は子供に対して、ついつい盲目的に愛情を注いでしまうところがありますが、それがストレスになってしまうのであれば、とても悲しいことです。

ここでは、子供にストレスを感じさせずに気持よく応援するためのヒントを知ることができます。

子供にもっとも影響力がある親の存在

子供にとって親というのは、もっとも身近な存在であり、それゆえ大きな影響力があります。

ですから、何気ない普段の言動や行動が、子供に対していろいろな影響をおよぼしているのです。これがポジティブな影響であれば子供の成長につながりますが、ネガティブなものであれば気をつけなければなりません。

たとえば、少年サッカーの現場でよくある、試合中に相手チームの子供にヤジを飛ばしたり、自分の子供を大声で怒鳴りつけるという行為です。親はそれほど気にしないかもしれませんが、子供にしてみれば、**多くの人の前で叱られることは、精神的に嫌な思いをするもの**です。**心が傷つく**だけでなく、度が行き過ぎてしまえば、虐待に近い行為になる場合もあります。

アルゼンチンはサッカーが国技とも言える国です。ですから、ことサッカーに関しては、多くの親がこだわりを持っています。それが、時には指導の現場に、自分の意見を言いに来る行為につながる時があります。これはやってはいけないことです。

親のサッカー観もわかりますが、**子供をチームに預けている以上は、現場のスタッフに任せなければなりません**。そうでなければ、子供も混乱してしまいます。

また、親がチームに首を突っ込みすぎることで、ほかの子供たちから仲間外れなどにあうことも実際に起こり得るので注意してください。

子供の世界は小さいですから、「お前の親はうるさいな」という些細なことが原因で、仲間に嫌がられてしまうのです。子供には何ら責任がないにも関わらず、親の行動のせいでサッカーを嫌いになってしまうことになったのでは、なんのためにサッカーをやらせているのかがわからなくなってしまいます。

サッカーだけに限らず、どんな分野でも才能のある子供というのは必ずいます。絶対に避けなければならないのは、そのような才能を持った子供たちの芽を、大人のエゴで摘んでしまうことです。これはその子供にとってはもちろん、その分野にとっても大きな損失です。

子供がサッカーを始める一番の理由は、親がもともとサッカー好きだから、というのが多いと思います。そういう子供の親は、自分のサッカー観がありますから、子供に対していろいろ言いたくなることもあるでしょう。しかし、何でも親の考えを押し付けるようなことはしないでください。子供たちが自由にサッカーができる環境を作っていかなければなりません。

子供の成長と、上達をゆったりとしたスタンスで見ていけるようになりましょう。

親の夢は子供の夢？

アルゼンチンでは、多くの親が、自分の子供に対してこのように思います。

「マラドーナのようになってほしい」
「マラドーナのようにしたい」

このマラドーナになってほしいという思いは、子供に対して、選手として成功してほしいという期待の表れです。有名になって名声を得てほしいという、親の一方的な考えであると言わざるを得ません。子供にとってこれは大きなプレッシャーとなります。

その昔、自分（親）が思い描いていた「プロサッカー選手になる」という夢を達成することができなかったばかりに、今度は、それを自分の子供に託そうとしているのです。

問題は、親が過剰な期待をかけすぎてしまうところにあります。

本来スポーツは、自分がやりたいと感じる自主性が重視されなければなりません。誰かにやらされているのではなく、自分が「やりたい」と思うことが、そのスポーツを楽しむ原点ではないでしょうか（スポーツ以外にも同じことが言えます）。

自分でやりたいと選んだスポーツを追求するなかで、結果的に「プロになりたい」という目標を設定するのであれば問題ありませんが、サッカーを始めたばかりの子供に、親の感情を押し付けてしまうのは、子供の本心ではありません。

スポーツほどルールが明確で、人間を育てる上で有効な方法はありません。

まずは、そのスポーツを通して、子供が成長していくことを目的に見守っていきましょう。前にも話しましたが、ここで親のエゴが優先してしまうと、子供がそのスポーツを嫌いになってしまうことも起こり得るのです。子供が楽しみながら成長する環境を与え、その結果、プロの選手になれた、ということが理想ではないでしょうか。

どんなに一生懸命やっても、サッカー界は競争が激しく、プロになれる選手はほんの一握りです。そういう意味でも、親は子供の教育という面で責任を持たなければならないのです。

親が子供に寄せる期待というのは、想像以上に子供に大きくのしかかっています。また、**親の軽はずみな言動も、子供は必要以上に意識してしまう**ものです。このように、子供が親からのストレスを感じるようになってしまったら、それ以降は、どんな時でも親の顔色ばかり気にしてしまい、親を意識したことしかしなくなります。

つまり、子供自らが考えて行動することができなくなり、自主性が失われるのです。「自分はこうしたい」と心のなかで感じていても、それをすることで親が嫌な顔をするのではと考え、中途半端な行動にとどめてしまうのです。親は気付いていないかもしれませんが、これは子供の心を痛めつける虐待と言えるのではないでしょうか。

子供の人生は子供のものです。親として、ある程度のアドバイスを与えるのは何ら悪いことではありませんが、すべてにおいて「こうしなさい」と義務的に指示を出すのは、子供の成長を妨げる要因になります。「自分で決める」という決断力を奪ってしまうのです。

子供が物事を自分で考えて行動している時は、親はそばから見守るように心がけましょう。どうしても前に進めない時に、手を差し伸べるスタンスが理想的ではないでしょうか。

親が子供に望むべきことは、「自分の夢を代わりに叶えること」ではなく、サッカーを通じて得られる人間的な成長であるべきです。結果的に、それがプロへの道に進むこともあるでしょう。それが、スポーツの素晴らしさであり、本来の姿です。

親は、もう一度誰のためのサッカーであるかを考えてください。子供にスポーツをさせる目的は、プロ選手を作り出すためでなく、それを通じて学ぶことができる教育や人格形成にあるのです。

将来は日本代表のエースストライカーだ！
サッカー始めたの昨日なんですけど…
バンバン

子供にとってスポーツとは

子供にとってスポーツとは、まずは楽しさがなければなりません。彼らにしてみれば、**スポーツは遊びぐらいの感覚**でいることが大切なのです。**自分がプレーしていて楽しくなければ、自主性が生まれません**ので、積極的になれません。楽しさがあれば、自発的に身体を動かしますし、それが健康な身体を作っていきます。そして、チームにおける集団行動や目標に向かい努力する過程から人間として成長していくわけです。

そのほかにも、他人と関わることで社会性を学んだり、親とのスキンシップを築いていくことができます。

しかし、ここに親のエゴが介在すると、スポーツ本来の特徴である、人間を育てるということや、楽しむといったことを、子供たちが経験できなくなってしまいます。また、親のエゴによっては、それがプレッシャーになり、子供が悲観的になる恐れがあります。

さて、以下に記したのは親のエゴが段階を経て、どのように子供に影響を与えていくのかということの経過を追ったものです。

親の身勝手な考えは、本人が意識しないところで、どんどん子供を境地に追い込んでいきます。みなさんも、知らず知らずのうちに同じようなことをしてしまっていないか、ここで照らし会わせてみてください。

まずは「願望」というものがあります。これは、親が、自分の子供に対して望む利己的な欲求です。

たとえば、サッカーの目的は、いいチームに所属して大会で優勝すること。そして有名になって、経済的に豊かになってほしいというのがもっとも多い考えです。

子供のためにという思いがないわけではありませんが、こういった言動や行動が、結果的に子供にとってプレッシャーをかけることになるのです。

子供も、最初はなんとか親の期待に応えたいとがんばりますが、過剰な思いが徐々にプレッシャーに変化していきます。

そして次の展開が「発見」です。

これは、サッカーを始めた子供に対して「うちの息子には才能があるのか？」というような評価を始めることで、子供に対して、プロにさせようと親の考えを押し付け出すのも、この時期です。「なんで俺の教えたやり方でやらないんだ！」といったことを、試合中に平気で怒鳴りつけるのです。こんなことを毎回言われれば、子供のイマジネーションが育たないのは当然でしょう。

そして、最後に「失望」です。これは、結果的に子供の才能に限界を感じることです。実際は、親のプレッシャーでその才能に蓋《ふた》をさせられたにも関わらず、その最大の原因が自分にあることにまったく気づいていないのです。多くの子供たちがサッカーを辞めてしまう理由には、親や監督によるストレスというものが多いということを、頭に入れておいてください。

スポーツは、シンプルなルールのなかで自由な発想やチームプレーを楽しむものであり、**身体的にも人間的にも、子供にとって大きな成長の糧**となります。だからこそ、それを見守る立場の大人が、その環境を壊すようなことは避けなければならないのです。

さらにミスが許されるべき世代であるにも関わらず、ミスを恐れてプレーをしている姿は、スポーツを楽しんでいるとは言い難いものです。

親のこうした考えは、子供のスポーツに対する純粋な心も屈折させてしまいます。名声や経済的に豊かになることは結果でしかなく、**多くの著名な選手は、サッカーが大好きだから、そこまでたどり着いた**のです。もちろん、家庭環境などで経済的な目標をもってプレーしてきた選手もいるでしょうが、彼らのなかには、必ず「サッカーが大好き」という楽しむ心があるのです。

子供たちは、自分たちの夢や目標を見つけるために、さまざまな経験をしていきます。そのためにも周りの大人たちはそれをサポートするような立場でなければなりません。**親の道具のように扱ってしまっては、子供たちの人生ではなくなってしまいます。**

親たちは、子供たちを温かく見守るという意識が大切なのです。

子供はサッカーに何を求めているのか

「楽しかったかい」
「勝ったのか？」

あなたが、サッカーが大好きな10歳の子を持つ親だとしたら、サッカーの試合を終えて帰宅した子供に、どちらの言葉をかけてあげますか？

もし、「勝ったのか」であるならば、あなたは無意識のうちに勝敗を優先的に考える親になりかけているかもしれません。

スポーツには勝敗があるのが基本です。ですから、勝ち負けを聞くこと自体は、何も悪いことではありません。しかし、10歳というまだサッカーを始めたばかりの子供に対しては違った聞き方が適切ではないでしょうか。最初に勝敗について質問をすれば、子供は「勝たないと怒られるのかなぁ」と感じ始めるかもしれません。無意識のうちに、自分で心のなかに不安要素を作り出し、それがプレッシャーになっていく可能性があります。こうなると、子供はサッカーを楽しみにくくなります。

「楽しかったか」「どうだった?」という質問の後に「それで、勝ったの?」と続けば、会話としてもスムーズに進むでしょうし、子供も話しやすくなるのではないでしょうか。

そうは言うものの、「小さいころから厳しく指導することで、プロの道が開けるのでは」という言葉が聞こえてきそうですが、それも間違いではありません。実際、そういった環境で優れた選手が育ったという話は多くあります。しかし、草の根レベルで考えると、そういったプレッシャーを受ける子供の多くが、そのスポーツを辞めてしまうという現状に目を向けなければならないのです。

サッカーを楽しむ多くの子供たちは、プロを目指しているわけではありません。大多数の子供が、楽しさを求めているのです。

子供にどのような教育を施し、接していくかは、各家庭にゆだねられていますので、一概に進言はできません。しかし、ひとつ言えることは大概の子供にとって、**大人からの過度な期待は大きなストレスになり**、**子供たちの精神に悪影響を与える**ということです。

多くの可能性を秘めた子供の才能を、理不尽な大人のエゴで押さえつけてしまうのは、何とも悲しいことです。

スポーツをすることで、子供たちは、家や学校とは違う世界を感じ、可能性をさらに広げることができます。

彼らの笑顔が一番大切なわけですから、まずは楽しませることを最優先に考えてあげましょう。親の役割というのは、どれだけ子供たちに笑顔を作ってあげられる環境を与えられるか、または提供できるかではないでしょうか。

子供と親の距離感を知る

子供にスポーツをさせる際に、子供と親の距離感というのはとても大切です。**必要以上に近すぎても問題がありますが**、まったく関心を持たないというわけにもいきません。要は、「**どれくらいが適度な距離か**」**ということを、親が理解することが**重要になります。

私は、子供にスポーツをさせる親は、3つのタイプに分類できると考えています。

まずは、バランスのとれた親です。

これは、的確なタイミングで子供と接することができる親で、**必要な時にだけ**、**親としてアドバイスができる理想的な存在**です。それ以外では、子供と適度に距離を保つことができます。こうしたタイプの親は、子供の自主性を最優先し、自分の考えを子供に押し付けるようなことはしません。ムダにプレッシャーをかけずに、勝敗の結果よりも、子供がのびのびとサッカーを楽しむ姿に喜びを感じるのです。常に、子供にとってのサポート役であろうと心がけています。こうした親の元でサッカーをしている子供は幸せです。そして、監督やほかの子供の親とも、問題なく良好な関係を築くことができるタイプです。

そして次に、無関心な親です。

子供のサッカーに対して、まったく興味を示さず、**サッカーを通してコミュニケーションもとらない**親です。確かに、子供に対してプレッシャーを与えているわけではありませんが、適切な距離がとれているかと言えば、そうではないかもしれません。子供によっては、親が無関心であることに何も感じないケースもありますが、たまには、サッカーについての話題で子供の気持ちや成長を聞き出したいものです。

最後は、過剰に子供と接する親です。

必要以上に子供への要求が多く、**子供に苦痛を感じさせてしまう**親です。子供が純粋にサッカーを楽しもうとしてもその前に自分の考えを押し付けます。状況によっては、監督などにも自分の考えを伝え、自分の子供が試合に出られないとそれに対して文句を言うこともあります。つまり、子供を自分の理想にはめ込みコントロールしようとするのです。

子供に熱心であることは結構ですが、子供が主役であるという認識が欠けています。自分の考える通りに物事がいかないと、すべてを子供や監督のせいにし、自分のエゴに気づいていないのです。

子供にスポーツをさせるのであれば、そこに親のエゴを持ち込んではいけません。

以前、私が関わったことのあるクラブチームのユースでこんなことがありました。父親があまりにも熱心しすぎて、試合中にあれこれ指示を出していました。すると、本人はプレーしづらくなり、「お前の親はうるさい」ということで、この選手はチーム内で孤立し結局チームを辞めてしまったのです。

親の熱心さが、予想外の出来事を引き起こすこともあります。**自分がよかれと思っていることでも子供が同じように感じているとは限らない**のです。これは、親が自分の考えを押し付けたことで招いた、最悪なケースのひとつです。

親は子供のガイド役に徹する

これまでも話してきましたが、親が子供にスポーツをさせる理由は、おおまかにわけてふたつあります。

ひとつは、「周りの友達と楽しみながら、そのなかで社会的なルールを学ばせたい」というものがあります。楽しみながらスポーツをすることで、人間的な成長をさせたいというのは、多くの親が望んでいることです。

そして、もうひとつは、「小さいことから厳しく指導をして、プロになって有名にさせたい」というものです。これは、確かに、成功すれば喜ばしいことかもしれませんが、そうならなければ影響は深刻です。ましてや、プロサッカー選手になれるのはごくわずかなのですから、もし教育面をおろそかにしていたのであれば、その後の人生が心配です。

スポーツから人間形成を学ばせることを期待するのか、それとも、教育面よりも、とにかくプロにさせることを望んでいるのか。

親の意識次第で、子供はいかようにもなるのです。

もし前者を選択するのであれば、たとえスポーツに精通していなくても、親としてしっかりとサポートしながら成長を見ていくことができるでしょう。子供は親の存在に感謝し、最終的に自分の判断でプロを目指すのか、それとも趣味にとどめておくのか決めるはずです。

子供にとって、親の言動には大きな影響力があることは、すでにお伝えした通りです。**親は子供に対して「どういう人間になってほしいのか」ということを、真剣に考えた上で、行動しなければならない**のです。それが、親の責任というものではないでしょうか。

あとがき

本書内で著者も言っていましたが、指導者の立場から言えば、スポーツ界では、技術や戦術のトレーニングに多くの時間を割き、まだまだ選手に対するメンタル面のケアの重要性が理解されていないように思います。

それでも、誰かの言葉や態度などでモチベーションが上がり、パフォーマンスが劇的に変化した経験は、みなさんにもあるのではないでしょうか。

以前、アルゼンチンの有名な監督の話を聞いたことがあります。

アルゼンチンのクラブとブラジルのクラブによる、南米で一番大きな大会の決勝戦前のことでした。アルゼンチンの監督は、試合前のロッカールームの壁一面に、ブラジルで報道された新聞を貼り付けました。新聞の内容は、そのすべてが、アルゼンチンのチームを批判するもの、そしてブラジルのチームの勝利を確信するものばかりでした。監督は、それを選手たちに見せることで、「お前たちはブラジルでこんなに馬鹿にされているんだぞ！　悔しいだろ！」と、彼らの闘争心を刺激しようとしたのです。

もちろんこのことが要因かどうかは断定できませんが、俄然やる気がわいたアルゼンチンの選手たちは、この試合に勝ち、見事に優勝しました。

これはひとつの例ですが、どのようなやり方でも選手たちのモチベーションを高めることはできます。それは試合だけではなく、日々のトレーニングでも同じことです。私もこれまでに、世界でいろいろな指導者に会い、指導現場を見てきましたが、彼らに共通して言えることは、指導のうまさはもとより、選手たちのモチベーションを高めるのが非常に巧みであることです。

一般的に、日本の指導現場では、技術、戦術面での勉強に熱心な方はたくさんいますが、今後はどうやって選手のモチベーションを上げていくかということも、課題になってくるのではないでしょうか。

本書が、スポーツにおける「メンタルの重要性」を理解していただく上でのきっかけになれば、非常にうれしく思います。

今井健策（ファンルーツ）

●プロフィール

著者

マルセロ・ロフェ／Marcelo Roffe（www.marceloroffe.com）

1967年生まれ。2000～06年までアルゼンチンU17、U20代表チームのスタッフとして、選手のメンタル面を管理するなど、あらゆるスポーツ分野において活躍するスポーツ心理学者。現場以外でも、教育機関での授業や、国内外で多くの講習会を行なっている。2003年よりアルゼンチンスポーツ心理学協会の会長を務める。

監修

今井健策／いまいけんさく

1978年生まれ。株式会社ファンルーツ取締役。米国サンタモニカカレッジ卒業後、アルゼンチンでコーチングを学ぶ。2003年に株式会社ファンルーツを設立し、サッカーを通じた日本と外国との国際交流活動に力を注いでいる。著書に「サッカーを愛する人のスペイン語」、「サッカーを愛する人の英語」（共に国際語学社）がある。本書では、監修者として翻訳をはじめコラムの執筆を担当する。

ファンルーツ（www.funroots.net）

「楽しさを根付ける」という名のもと、都内、及び近郊でジュニア年代向けのインターナショナルサッカースクールを運営。このほか、サッカーイベントやキャンプなどの企画を行なっている。また、外国のコーチング事情を、日本の草の根コーチに伝える活動に力を入れ、海外強豪クラブの育成年代の試合や指導映像を動画で配信している。

<STAFF>

カバーデザイン　坂井栄一（坂井図案室）
デザイン　杏珠（studio H.M）
イラスト　江寺ヒロユキ
編集協力　見方　勉

決定力を上げる　プレッシャーに克つ

サッカー・メンタル強化書

2008年2月12日　初版第1刷発行　　2010年9月15日　初版第3刷発行

著　者　マルセロ・ロフェ
監　修　今井健策
発行者　増田義和
発行所　実業之日本社
〒104-8233　東京都中央区銀座1-3-9
電　話　03-3535-3361（編集）
03-3535-4441（販売）
実業之日本社ホームページ　http://www.j-n.co.jp/
印刷所　大日本印刷㈱
製　本　㈱ブックアート

ISBN978-4-408-61182-2